云南大学周边外交研究中心智库报告

孟中印缅经济走廊
能源合作与
中缅能源合作研究

ENERGY COOPERATION IN THE BCIM
ECONOMIC CORRIDOR AND
CHINA-MYANMAR ENERGY COOPERATION

罗圣荣 著

社会科学文献出版社
SOCIAL SCIENCES ACADEMIC PRESS (CHINA)

云南大学周边外交研究中心
学术委员会

《云南大学周边外交研究中心智库报告》

编委会

■ 总　序

近年来，全球局势急剧变化，国际社会所关切的一个重要议题是：中国在发展成为世界第二大经济体之后，其外交政策是否会从防御型转变为进攻型，是否会挑战现存的大国和国际秩序，甚至会单独建立自己主导的国际体系。的确，中国外交在转变。近年来，中国已经形成了三位一体的新型大外交格局，笔者把它称为"两条腿，一个圈"。"一条腿"是与美、欧、俄等建立新型的大国关系，尤其是建立中美新型大国关系；"另一条腿"为主要针对广大发展中国家的发展战略，即"一带一路"；"一个圈"则体现于中国的周边外交。这三者相互关联，互相影响。不难理解，其中周边外交是中国外交的核心，也是影响另外"两条腿"行走的关键。这是由中国本身特殊的地缘政治所决定的。首先，周边外交是中国在新形势下全球谋篇布局的起点。中国的外交中心在亚洲，亚洲的和平与稳定对中国至关重要，因此，处理好与周边国家关系并使之良性发展、克服周边复杂的地缘政治环境，将成为中国在亚洲崛起并建设亚洲命运共同体的关键。其次，周边外交是助推中国"一带一路"主体外交政策的关键之举。"一带一路"已确定为中国的主体外交倡议，而围绕着"一带一路"的诸多方案意在推动周边国家的社会经济发展，考量的是如何多做一些有利于周边国家的事，让周边国家适应中国从"韬光养晦"到"有所作为"的转变，并使之加强对中国的信任，愿意合作。无疑，这是对周边外交智慧与策略的极大考验。最后，周边外交也是中国解决中美对抗、中日对抗等大国关系的重要方式与途径。中国充分发挥周边外交效用，巩固与加强同周边国家的友好合作关系，支持周边国家的发展壮大，加强同中国的向心力，将降低美、日等大国在中国周边地区的影响力，并化解美国（及其在亚洲的同盟）与中国对抗的可能性与风险，促成周边国家自觉地对中国的外交政策做出适当的调整。

从近几年中国周边外交不断转型和升级来看，中国已经在客观上认识到了周边外交局势的复杂性，并做出积极调整。不过，目前还没能拿出一个更为具体、系统的战略。不难观察到，中国在周边外交的很多方面既缺乏方向，又缺乏行动力，与周边国家的关系始终处于"若即若离"的状态。导致该问题的一个重要原因是对周边外交研究的不足与相关智库建设的缺失，中国的周边外交还有很大的提升和改进空间。云南大学周边外交研究中心一直紧扣中国周边外交发展的新形势，在中国周边外交研究方面有深厚的基础、特色的定位，在学术成果与外交实践上硕果颇丰，能为中国周边外交实践起到智力支撑与建言献策的重要作用。首先，在周边外交研究的基础上，云南大学周边外交中心扎实稳固，发展迅速。该中心所依托的云南大学国际问题研究院在 20 世纪 40 年代起就开始了相关研究。进入 21 世纪，对东南亚、南亚等领域的研究开始发展并逐渐成熟，也与国内外相关研究机构建立了良好的合作关系，自 2010 年起每年举办的西南论坛会议成了中国西南地区最高层次的学术性和政策性论坛。2014 年申报成功的云南省高校新型智库"西南周边环境与周边外交"研究中心更在中央、省级相关周边外交决策中发挥重要作用。其次，在周边外交的研究定位上，云南大学周边外交研究中心有鲜明的特色。该中心以东南亚、南亚为研究主体，以大湄公河次区域（GMS）经济合作机制、孟中印缅（BCIM）经济走廊和澜沧江 – 湄公河合作机制（LMC）等为重点研究方向，并具体围绕区域经济合作、区域安全合作、人文交流、南海问题、跨界民族、水资源合作、替代种植等重点领域进行深入研究并不断创新。最后，在周边外交的实际推动工作上，云南大学周边外交研究中心在服务决策、服务社会方面取得了初步成效。据了解，迄今为止该中心完成的多个应用性对策报告得到了相关部门的采纳和认可，起到了很好的咨政服务作用。

云南大学周边外交研究中心推出的《周边外交研究丛书》与《云南大学周边外交研究中心智库报告》等系列丛书正是基于中国周边外交新形势以及自身多年在该领域学术研究与实践考察的深厚积淀。从周边外交理论研究方面来看，这两套丛书力求基于具体的区域范畴考察、细致的国别研究、详细的案例分析，来构建一套有助于建设亚洲命运共同体、利益共同体的新型周边外交理论，并力求在澜沧江－湄公河合作机制、孟中印缅经济合作机制、水资源合作机制等方面有所突破与创新。从周边外交的具体案例研究来看，该套丛书结合地缘政治、地缘经济的实际情况以及实事求是的田野调查，以安全合作、经济合作、人文合作、环境合作、边界冲突等为议题，进行了细致的研究，客观独立地分析与思考。从对于国内外中国周边外交学术研究与实际外交工作的意义来看，该丛书不仅将为国内相关研究同人提供借鉴，也将会在国际学界起到促进交流的作用。与此同时，该两套丛书也将为中国周边外交实践工作的展开建言献策，提供智力支撑。

郑永年

2016 年 11 月

■ 前　言

　　2013年5月，李克强总理访问印度时，中印两国共同倡议建设孟中印缅经济走廊。2013年10月22日至24日，印度前总理辛格访华，中印两国将孟中印缅经济走廊建设从倡议阶段提升到了实际操作阶段。中印关于建立孟中印缅经济走廊的倡议得到了孟缅两国的积极响应。2013年12月18日至19日，孟中印缅经济走廊联合工作组会议在昆明顺利召开，四国正式建立了推进经济走廊合作的机制。

　　能源合作是孟中印缅经济走廊建设的重要组成部分。早在20世纪90年代孟、中、印、缅四国开展区域合作时，能源合作就得到了四国的高度重视。在孟中印缅经济走廊建设过程中，能源合作展现了坚实的基础和良好的发展前景。能源合作的顺利开展，将对区域内交通基础设施建设及相关产业合作等形成重要的推动力。能源合作不仅可以作为孟中印缅经济走廊建设的先导产业合作项目，而且能够对经济走廊其他项目的建设和开展形成辐射和拉动效应。云南因与缅甸直接邻接、与印度和孟加拉国邻近，是中国沿边开放的重要省份，在参与孟中印缅经济走廊能源合作中具有先天的优势。

中缅能源合作是孟中印缅经济走廊能源合作中的关键。长期以来，中缅能源合作态势平稳良好。由于双边政治互信、外交关系密切、经济互补性强，中国自然成为缅甸能源合作的首选对象和主要合作伙伴。[①] 然而，自2011年缅甸新政府上台以来，缅甸不断调整政治经济政策，对中缅能源合作带来了新的影响和挑战。

在政治层面，随着缅甸国内民主化进程的加速与民选政府的成立，缅甸国内的政治斗争进一步复杂化。由于中缅能源合作项目多在军政府时期达成，且主要位于冲突频发的缅北地区，所以这些资源型项目很容易被缅甸民众视为中国支持军政府的直接证据，招致反对声音。新政府上台后，缅甸的民族主义情绪持续高涨。如何既要照顾缅甸中央政府的整体利益诉求，又要考虑在缅北少数民族实际控制区域内当地政府的局部利益诉求，将是今后中缅能源合作中的一大难题。缅甸的政治转型与西方对缅政策的调整，为缅甸的平衡外交提供了契机，

---

① 蔺佳、戚凯：《缅甸外交政策调整与中缅能源合作》，《国际关系研究》2014年第3期。

或进一步动摇缅甸对中国充分信任和依赖的政治传统，转而追求更加积极自主的多边外交，削弱中缅能源合作的政治基础。[①] 与此同时，西方媒体、环保组织、NGO 相互利用，借"密松事件"制造不实舆论，引发了当地民众对中国企业是来缅甸掠夺资源的负面认知，掀起了新一轮的反华、反中缅能源项目的行动。

在经济层面，缅甸新政府推行一系列经济改革，包括调整经济发展战略、改善民生、加快私有化进程、完善经济法律法规等措施。缅甸的新经济发展战略表明缅甸的经济发展已经调整了重心和方向，在民族主义高涨的新的历史时期，新政府将更多考虑国内的民生需求，一些敏感的资源型投资意向暂时遭到搁置，新颁布的环境保护法和企业责任法规对我国在缅企业提出了更高的要求。

本书研究了推动孟中印缅经济走廊能源合作面临的问题及对策，以及缅甸新政府政治、经济政策的调整对中缅能源合作已经造成或可能产生的影响，并在此基础上为有关部门提出了相应的对策建议，为进一步推进、深化孟中印缅经济走廊能源合作提供咨询参考。

本书在 2013 年云南省发展与改革委员会委托课题"孟中

---

① 蔺佳、戚凯：《中缅能源合作的新挑战》，共识网，2014 年 7 月 7 日，http://www.21ccom.net。

印缅经济走廊建设能源合作研究"以及 2014 年云南省能源局"缅甸新政府的政治经济政策调整对中缅能源合作的影响及对策研究"的最终成果基础上修改而成。感谢云南省发展与改革委员会为本书的研究提供资助,感谢课题评审专家为本书的完善提出宝贵意见,感谢课题组成员云南大学李晨阳教授、卢光盛教授、毕世鸿教授、祝湘辉副研究员、邹春萌副研究员、梁晨讲师、杨祥章助理研究员以及云南省社会科学研究院胡娟副研究员、李丽博士等为本书的完成付出的努力。

目 录
C o n t e n t s

第 1 篇

推进孟中印缅经济走廊建设能源合作的

思路与对策（咨询报告）/ 003

孟中印缅经济走廊建设能源合作研究

（主报告）/ 014

第 II 篇

应对缅甸转型挑战　推进中缅能源合作

（咨询报告）　/ 129

缅甸新政府的政治经济政策调整对中缅能源合作的

影响及对策研究（主报告）/ 139

第 I 篇

推进孟中印缅经济走廊建设能源合作的
思路与对策（咨询报告）

能源合作是经济走廊建设的重要组成部分。在孟中印缅经济走廊建设过程中，能源合作有较好的基础和良好的发展前景。能源合作的顺利开展，将对区域内交通基础设施建设及相关产业合作形成重要推动力，能源合作项目有望成为孟中印缅经济走廊建设的先导项目，形成辐射效应和拉动效应。

一　孟中印缅能源合作有坚实的基础

孟中（云南）印缅四国在能源资源禀赋方面具有一定的互补性，已经开展了一定程度的合作，但目前仍以双边合作为主，多边合作刚刚起步，如孟、印、缅三国天然气输送管道及天然气发电、输电方面的合作。

云南有与孟、印、缅三国开展能源合作的资源基础和合作经验。云南不仅能源资源丰富，而且可再生能源开发的技术已经处于全国领先水平。目前，云南与孟加拉国和印度的能源合作主要处于倡议阶段，但与缅甸的能源合作已经取得了一定的成绩，其中包括中缅油气管道、中缅联合开发水电资源等多个项目。2011年5月出台的《国务院关于支持云南省加快建设面向西南开放重要桥头堡的意见》明确提出了"加快外接东南亚、南亚，内连西南及东中部腹地的能源管网建设，把云南打造成为我国重要的清洁能源基地、新兴石油化工基地、跨区域电力交换枢纽"和"到2020年基本建成连接国内外的管道、电网，形成能源通道"的宏伟目标。

二 云南有参与经济走廊建设能源合作的多个有利条件，但也面临一些制约因素和潜在风险

有利条件，一是云南在水电以及新能源开发和利用方面具有优势；二是推进能源合作已经得到中印两国的高度重视；三是孟中印缅能源合作具有互补性；四是孟中印缅能源合作已经具备一定的基础和经验。

主要的制约因素，一是中印两国间政治互信不足。二是孟中印缅相互之间在部分能源领域，特别是油气资源的勘探和开发上存在一定程度的竞争。三是缺乏有效的合作机制和政策性激励措施。四是域外大国的竞争和国际非政府组织的干扰。五

是密松水电站的搁置打击了中国企业参与孟中印缅经济走廊能源合作的信心。

主要的潜在风险，一是缅甸和孟加拉国资源民族主义和环境民族主义抬头；二是孟、印、缅三国政局变动的风险；三是缅甸和印度的民族、宗教问题带来的消极影响。

三　推进孟中印缅经济走廊建设能源合作的总体思路

充分发挥区域能源互补优势，以现有能源合作为依托，以电力和油气合作为主线，以新能源合作为动力，以能源建设、服务贸易、装备出口贸易为支撑，着力建设孟中印缅油气走廊、电力走廊等能源走廊和民生用能合作示范区，最终形成四国合作区域油气管网、电网互联互通，区域能源开发和利用水平快速提高，带动民生用能、产业用能的能源走廊体系、合作体系，为孟中印缅经济走廊建设提供重要驱动力。

孟中印缅经济走廊建设能源合作将遵循四条基本原则：一是互利共赢，合谋发展；二是先易后难，逐步推进；三是双边先启，带动多边；四是注重实效，惠及民生；五是着眼全局，立足云南。

孟中印缅经济走廊能源合作可按两个阶段来实施。一是重点突破阶段（2014～2017 年），加强与相关方的交流与沟通，深化各方参与能源合作的意愿。通过实施一批先导项目和民生项目，提供示范和带动作用。二是全力推进阶段（2018～2025年），依托孟中印缅能源基础设施不断完善，逐步消除能源投资和贸易壁垒。推动涵盖能源勘探、开采、加工、贸易、运输、管网建设、技术交换等领域的全方位能源合作项目不断深入，建成孟中印缅油气走廊、电力走廊和民生用能合作示范区。

四　云南参与经济走廊建设能源合作的项目设想

（一）早期收获项目

1. 中缅油气管道在缅甸境内的分输工程

借助中缅油气管道在缅甸境内途经若开邦、马圭省、曼德勒省和掸邦，在皎漂、仁安羌、当达和曼德勒的油气分输口下载油气，改善管道沿线地区的能源供应，带动当地经济发展并改善人民生活水平，使普通百姓从中缅能源合作项目中直接受益。

2. 小其培电站民生用电示范区

针对小其培电站所在地以及周边城市严重缺电的情况，进一步扩大小其培电站向缅甸城乡的供电范围，使更多的缅甸百姓摆脱电力短缺的困扰，从中国建设的电站中获得充足的电力供应。

3. 积极参与缅甸的电网改造与建设

争取与缅甸合作开展仰光和曼德勒的电网改造项目，帮助缅甸实施仰光和曼德勒的电网入户改造，提高缅甸的电力输送能力，降低电力传输损耗率，使缅甸两个最大城市的居民能感受到中缅能源合作项目带来的实惠，使缅甸人民对华态度在较短时间内能发生较为明显的转变。

4. 援助孟加拉国和缅甸开展能源规划研究项目

通过向缅甸和孟加拉国提供资金、咨询服务和技术援助，帮助两国开展能源发展规划，提高两国在国家能源发展规划中对国际和区域能源合作的重视程度。

5. 对孟、印、缅提供新能源科技培训

针对孟、印、缅发展新能源对技术和人才的迫切需求，加强与三国在新能源技术上的交流与合作，为孟、印、缅提供更多的新能源技术人才培训。

6. 对孟、印、缅需要的能源设备进行优惠出口

通过以优惠条件向孟、印、缅出口能源设备，带动能源

技术和标准的出口。中国可以和孟印缅签订协议就能源设备供销优惠条款达成一致，以降低关税、能源换设备、免息分期付款等方式向孟印缅提供性价比更高、更具竞争力的能源设备。

7. 印度农村微电网合作

云南可以利用太阳能光伏技术优势参与印度农村的微电网建设，扩大印度微电网在乡村的覆盖率。

（二）中长期项目

1. 区域电网联网

鉴于输电路线过长会增加输送过程中的损耗，从中国西南直接向孟加拉国和印度输送电力并不现实。但中国企业与缅甸已签署20多个水电开发合作项目，同时缅甸和孟加拉国及印度临近，可以利用在缅甸的水电权益向孟、印送电，并争取从亚洲开发银行（以下简称"亚行"）和世界银行（以下简称"世行"）获得对区域电网联网的资金和技术支持。

2. 修建中缅油气管道复线

综合考虑相关方的诉求，选择适当的时机，启动中缅油气管道复线建设。通过修建中缅油气管道复线，将中缅油气管道的输送规模提升到4000～6000万吨/年，将中缅油气管道复线建设成绿色工程和民生工程。

3. 重启密松水电站以及完成伊江上游水电开发

短期内，缅甸政府不太可能重启密松水电站的建设。但从较长远的时间看，国家电投伊江上游水电有限责任公司（以下简称"中电投伊江公司"）可进一步加大公关力度，切实履行企业社会责任，争取获得克钦独立军和当地更多民众的舆论支持，自下而上推动，实现密松水电站早日复工。

4. 新能源合作

利用我国新能源开发的技术优势，引进、消化、吸收或再创新国际上可再生能源技术，因地制宜利用当地可再生能源发电，如分布式太阳能光伏发电、风力发电以及生物发电等，对孟印缅进行多元化投资，加强与孟印缅在新能源领域的合作。

五 推进孟中印缅经济走廊能源合作的对策措施

（一）国家层面

一是建立和完善孟中印缅经济走廊能源合作机制。重视和发挥现有合作平台的作用，落实《大湄公河次区域政府间电力贸易运营协定》《中缅两国关于合作开发缅甸水电资源的框架协议》，通过大湄公河次区域合作、中国－东盟自由贸易区等多边合作机制，重点推进中缅电力合作。要充分发挥孟中印缅地区合作论坛的多边沟通作用，建议将能源合作作为论坛的一个主要对话议题，在自2014年举办的中国－南亚博览会上设立以孟中印缅能源合作为主题的论坛和展览。

二是制定我国参与孟中印缅经济走廊的能源合作规划。加强了解与沟通，掌握区域内各国对能源合作的真实态度和利益诉求，特别是要了解印度在能源合作中的利益关切点和疑虑点。掌握各方的能源信息和相关政策，研究制定我国参与经济走廊能源合作的总体规划。当前重点做好孟中印缅经济走廊电力网络建设规划。

三是建立国内企业境外能源开发协调机制。建立国家主导、云南发挥重要作用的国内企业在东南亚、南亚合作开发水电、油气资源，开展新能源合作的协调机制。国家从整体最优的角度，对从事境外能源开发的国内企业进行适当分工和协调，防止出现恶性竞争。

四是设立孟中印缅经济走廊合作基金。借鉴中国－东盟投资合作基金的经验，争取四国合作设立孟中印缅经济走廊合作基金，为孟、中、印、缅四国在能源、基础设施等领域的合作提供资助。当前还要积极推动亚洲基础设施投资银行的筹建工作，争取孟中印缅经济走廊能源合作获得多渠道的资金支持。

五是建立孟中印缅经济走廊能源合作风险评估体系。建议由商务部主导建立健全经济走廊能源合作风险评估体系，定期发布风险防范指南，指导企业建立境外安全管理制度和境外安全突发事件应急处理机制；研究机构要加强对孟中印缅经济走廊能源合作的研判，当前要重点关注缅甸政治经济转型的动态和趋势，为政府和企业提供参考。

六是做好增信释疑工作、优化合作氛围。从合作伊始就要重视与相关国家的沟通协调，少单干，少悄悄干，重视与对方政府、当地人民、媒体、NGO 的沟通。对外宣传要注意方式和方法，不要大张旗鼓地宣扬能源合作项目的战略、外交意义，要具体谈提升经济水平、促进社会发展等。在缅甸、孟加拉国、印度实施以村为基础的小水电项目、优惠提供小型太阳能发电设备等，让当地民众获得实惠。

七是积极应对区域外其他国家干扰而带来的阻力。从中国海外资源开发和合作的经验来看，必须做到"官民分开"，这样才能有利于消除政治因素与意识形态因素的干扰。日本在缅甸开展了日益广泛的经贸合作，与中国企业形成了激烈的竞争，需要密切关注，以确保我国在缅的重大项目顺利开展。另外，也要跟相关国家及地区组织积极交流，必要时适当地做些解释和说明工作，争取各方的理解和支持。

（二）云南省层面

一是发挥区域合作优势，多渠道争取各方支持。协助国家相关机构做好与相关国家的沟通、对接工作。建议由国家能源主管部门提请亚洲开发银行牵头，在云南设立孟中印缅经济走廊能源合作办公室，负责能源产业合作的协调工作，统一规划和推进孟中印缅电力联网建设工程。争取在云南布局一个大型能源装备制造基地，改造创新适合东南亚、南亚国家的技术和装备，积极向周边国家出口。

二是建立信息服务平台，引导有序合作。构建完善以商务厅为主导，我国驻外经商机构、能源企业、科研机构等积极参与的多渠道信息服务平台，及时准确地向企业提供投资对象国（地区）有关能源结构、能源需求、法律法规、产业政策等方面的信息服务。

三是建立风险投融资机制。加大政府扶持力度，建议设立云南参与孟中印缅经济走廊能源合作专项资金，建立财政投入的长效增长机制。深化投融资体制改革，尽快建立以政府投入为引导、金融投入为依托、企业投入为主体、社会投入为辅助的投入体系，按照市场化原则，使民间资本、企业资本成为创业投资的主体。

四是扶持民营企业，支持灵活参与。从技术、经济、组织等多个政策层面，进一步放宽能源投资的行业标准和准入门槛。简化能源投资项目的审批手续，缩短评审时间，提高办事效率。支持企业在境外发展生物柴油、燃料乙醇的原料及其初加工基地，引入生物柴油、燃料乙醇的原料和初加工产品。

五是开展新能源与可再生能源的科技培训。建议建立孟中印缅或者中国－南亚新能源培训机构，加大与孟、印、缅在能源技术人才培训上的合作力度，分享成果与经验，密切四方的能源合作。

孟中印缅经济走廊建设能源合作研究（主报告）

一　孟中印缅能源合作基础情况

（一）孟、印、缅三国的能源资源总体情况

1. 孟加拉国

孟加拉国是孟中印缅地区能源匮乏的国家，使用的主要能源中只有天然气，每年有稳定的产量且能够保证国内自给自足。近年来，石油消费量稳中有升，基本依赖进口。煤炭虽有一定的储量，但由于开采成本高，政府更倾向于从中国、印度和印度尼西亚等国进口。电力短缺，且生产和供应极不平衡。可再生能源的开发处于新兴阶段，孟加拉国政府已制定了鼓励发展的优惠政策，相关国际组织、NGO 等也在实施具体计划，

积极推动可再生能源的发展。

（1）能源概况

①天然气

孟加拉国是孟中印缅地区重要的天然气生产国，天然气产量丰富，能够保证自给自足。据英国石油公司（BP）统计，2016 年底孟加拉国已探明的天然气储量约为 2000 亿立方米[①]。很多国际咨询公司替孟加拉国进行了天然气储量的勘探、分析和研究，认为孟加拉国现有天然气田的可采储量（已探明储量＋可能储量＋概算储量）达 8875.29 亿立方米。[②] 2016 年，孟加拉国共生产天然气 275 亿立方米，较 2015 年增长 2.2%，为亚太地区第九大天然气生产国。[③] 孟加拉国天然气田储量情况见表 1。

②煤炭

早在 20 世纪 60 年代，孟加拉国在博格拉（Bogra）地区进行石油和天然气勘探时，首次发现了 1000 米深的烟煤/次烟煤煤田。孟加拉国西北部地区和北部地区已累计发现煤田 10 余处，被孟加拉国政府划为"煤炭地带"。其中，正在勘探中的 5 个主要煤田分布在博格拉（Bogra）、迪纳杰布尔（Dinajpur）、朗布尔（Rangpur）等北部省区，探明及远景储量达到

[①] *BP Statistical Review of World Energy*，June 2017.

[②] 资料来源：Petrobangla，http：//www.petrobangla.org.bd/data。

[③] *BP Statistical Review of World Energy*，June 2017.

表1 孟加拉国天然气田储量情况

单位：十亿立方英尺

序号	气田名称	发现年代	预测年代	初始存储量	可采储量（已探明量）	可采储量（已探明储量＋可能储量）	可采储量（已探明储量＋可能储量＋概算储量）	剩余储量（已探明储量＋可能储量）	累计产量（截至2012年12月）
A. 在产天然气田									
1	Titas	1962	2009	8148.9	5384.0	6367.0	6517.0	2829.46	3537.54
2	Habiganj	1963	2009	3684.0	2238.0	2633.0	3096.0	702.75	1930.25
3	Bakhrabad	1969	2009	1701.0	1052.9	1231.5	1339.0	496.39	735.13
4	Kailashtilla	1962	2009	3610.0	2390.0	2760.0	2760.0	2182.85	577.15
5	Rashidpur	1960	2009	3650.0	1060.0	2433.0	3113.0	1923.17	509.83
6	Sylhet/Haripur	1955	2009	370.0	256.5	318.9	332.0	120.03	198.87
7	Meghna	1990	2009	122.1	52.5	69.9	101.0	25.61	44.29
8	Narsingdi	1990	2009	369.0	218.0	276.8	299.0	138.33	138.47
9	Beanibazar	1981	2009	230.7	150.0	203.0	203.0	129.60	73.40
10	Fenchuganj	1988	2009	553.0	229.0	381.0	498.0	285.91	95.09
11	Shaladanadi	1996	2009	379.9	79.0	279.0	327.0	225.01	53.99
12	Shahbazpur	1995	2011	677.0	322.0	390.0	488.0	382.95	7.05
13	Semutang	1969	2009	653.8	151.0	317.7	375.1	313.42	4.28
14	Sundulprt Shahzadprr	2011	2012	62.2	—	35.1	43.5	32.46	2.64
15	Srikail	2012	2012	240.0	—	161.0	161.0	161.00	0.00
16	Sangu	1996	2010	899.6	544.4	577.8	638.7	91.98	485.78
17	Jalalabad	1989	1999	1491.0	823.0	1184.0	1184.0	462.70	721.30
18	Moulavi Bazar	1997	2003	1053.0	405.0	428.0	812.0	216.58	211.42

续表

序号	气田名称	发现年代	预测年代	储量预测					累计产量（截至2012年12月）
				初始存储量（已探明量）	可采储量（已探明量）	可采储量（已探明储量+可能储量）	可采储量（已探明储量+可能储量+概算储量）	剩余储量（已探明储量+可能储量）	
19	Bibiyana	1998	2008	7427.0	4415.0	5754.0	7084.0	4486.43	1267.57
20	Bangura	2004	2011	1198.0	379.0	522.0	941.0	310.70	211.30
	合计			36520.2	20149.3	26322.7	30312.3	15517.34	10805.4
B. 停产天然气田									
1	Begumganj	1997	2009	39.0	17.0	21.0	33.0	21.00	—
2	Kutubdia	1977	2003	65.0	45.5	45.5	45.5	45.50	—
	合计			104.0	62.5	66.5	78.5	66.50	—
C. 未生产天然气田									
1	Chattak	1959	2000	1039.0	265.0	474.0	727.0	447.54	26.46
2	Kamta	1981	2000	71.8	50.3	50.3	50.3	29.20	21.1
3	Feni	1981	2000	185.2	125.0	125.0	175.0	62.60	62.4
	合计			1296.0	440.3	649.3	952.3	539.3	110.0
	总计（A+B+C）			37920.2	20652.1	27038.49	31343.1	16123.18	10915.31

资料来源：Petrobangla, http://www.petrobangla.org.bd/data。

33 亿吨，约占全球煤炭总探明储量的 0.4%[①]。2011 年 4 月 26 日孟内阁会议已批准成立煤电公司，隶属于国家电力发展委员会。

---

① 庞卫东、夏明惠、王靖焘：《孟加拉国煤炭资源状况及开发途径》，《中国煤炭》2011 年第 4 期，第 122 页。

孟加拉国煤炭储量和可开采量见表2。

表 2　孟加拉国煤炭储量和可开采量

地　点	煤　田	发现年代	深度（米）	面积（平方千米）	预计煤炭量（百万吨）	已探明储量（百万吨）	可开采量（百万吨）
Dinafpur	Barapukuria	1985	118	6.68	390	390	370.5（95%）
Rangpur	Khalashpir	1995	327	12	685	143	28.6（20%）
Dinajpur	Phulbari	1997	150	30	572	572	543.4（95%）
Joypurhat	Jamalganj	1965	900	16	1053	1050	由于较深尚未确定开采方法
Dinajpur	Dighipara	1995	372		600	600	120（20%）
总　计					3300	2755	1062.5

资料来源：Bangladesh Energy Sector Primer。

③石油

孟加拉国是一个贫油国，石油消费严重依赖进口，随着孟加拉国人口增长以及交通运输业的发展，该国石油对外依存度也越来越高。孟加拉国石油公司（Bangladesh Petroleum Corporation，BPC）负责进口各类石油产品，开发与维护石油储存设施，以及在全国范围内供应石油产品。目前孟加拉国国内成品油年需求量约为 487 万吨，并以每年约 5% 的速度增长。孟加拉国石油储备总库容约 90 万吨。2012 年 5 月孟加拉国石油勘探和生产公司曾声称，在距首都达卡 300 千米远的地方发现了两个储量为 13.7 亿桶的新油田（在 Kailashtila 油田 4000 米深处发现了 10.9 亿桶石油储量，在 Sylhet 油田 2600 米深处发现 2.8 亿桶石油储量）。[①] 孟加拉国石油炼化能力仅为 140 万吨，主要炼油单位为国有的孟加拉石油公司（BPC）下属的东方炼油厂。[②] 孟加拉国成品油进口统计情况见表 3。

表 3 孟加拉国成品油进口统计

年　度	柴油、煤油、航空煤油		润滑油基础油	
	进口量（吨）	价值（千万塔卡）	进口量（吨）	价值（千万塔卡）
2001～2002	2072300	2535.62	15316	30.59
2002～2003	2213899	3319.35	1911	5.10
2003～2004	2262348	4015.81	6516	18.38
2004～2005	2691750	7213.88	10189	38.14
2005～2006	2380582	9382.77	5137	35.53
2006～2007	2536535	10443.20	4277	25.13
2007～2008	2227753	14343.04	5006	29.94
2008～2009	2507819	10945.24	4828	23.63
2009～2010	2634212	12024.18	7262	52.03
2010～2011	2488456	21403.69	4749	43.75
2011～2012	3409934	27111.24	4980	53.11

资料来源：Energy and Mineral Resources Division of Government of Bangladesh。

④电力

孟加拉国电力系统发展起步较早，目前已形成全国联网

---

① 中国石油网，http：//oil.in-en.com/html/oil-08250825531406355.html。
② 《孟加拉能源概况和中孟能源合作建议》，中国驻孟加拉国大使馆经商处，http：//bd.mofcom.gov.cn/article/ztdy/201605/20160501310457.shtml。

的主网架。孟加拉国电力需求很大，生产能力却很弱，2009至2012年各年的发电能力分别为356兆瓦、775兆瓦、1763兆瓦和951兆瓦。尽管电力供应不足，孟加拉国发电能力却长期没有提升，近十年来的年发电量增长速度很少能达到两位数，2006～2007年度还出现了负增长。2008年孟加拉国政府对2004年制定的国家能源发展政策进行了修订，提出了若干鼓励电力发展的政策措施，此后，孟加拉国发电能力大幅提升，2011～2012年度全国电厂装机容量达8100兆瓦（MW），最大发电负荷达6606兆瓦，比上年增长了24.05%（见表4）。2014年2月，孟加拉国政府制定了总金额达16亿美元的"提升电力供应和传输效率计划"，旨在提升该国的电力供应现状。[①] 孟加拉国装机容量和最大发电负荷见表4。

由于天然气相对丰富，孟加拉国发电主要依靠天然气，2011年全年发电量中90%以上来自天然气。2012年孟加拉国电力发展公司（Bangladesh Power Development Board，BPDB）进口了大量煤油、柴油用于发电，使天然气发电的比例下降至66.88%，然而孟加拉国发电严重依赖天然气的格局没有改变。由于孟加拉国天然气田集中分布于东部地区，因此东部地区的装机容量占到全国的90%以上，目前国家正在实施"东电西送"计划，以缓解电力分布不均衡导致的供需矛盾。

① http://www.chinapower.com.cn/newsarticle/1204/new1204994.asp.

表 4 装机容量和最大发电负荷

单位：兆瓦（MW），%

年　度	装机容量	最大发电负荷	增　幅
2001～2002	3218	3218	6.10
2002～2003	3428	3458	7.46
2003～2004	3592	3622	4.74
2004～2005	3721	3751	3.56
2005～2006	3782	3812	1.63
2006～2007	3718	3718	−2.47
2007～2008	4130	4130	11.08
2008～2009	5166	4162	0.77
2009～2010	5271	4606	10.67
2010～2011	6639	4890	6.17
2011～2012	8100	6606	24.05

资料来源：Bangladesh Power Development Board。

由于孟加拉国人口占 75% 的农村地区电网覆盖率只有 25%，电力集中供应至人口相对集中的东部城市地区，因此，电力消费用户和最大电力需求量变化不大。随着人口增长和国家电气化发展进程的推进，电力在孟加拉国经济社会发展中的重要性不断凸显。政府制定了优先发展电力行业的计划，力争到 2021 年实现全国供电。为实现这一目标，近年来政府先后实施了若干个扩大发电规模的短、中、长期计划。截至 2012 年 6 月，全国已建成 8725 千米的输电线路和 281123 千米的配电线路，并计划于 2015 年前再建设 3500 千米的输电线路和 60000 千米的配电线路。2012 年孟加拉国还制定了 2016 年以前的发电项目规划和 2013～2017 年五年的发电量计划。

然而由于输电网络布局不合理、线路距离过长、配电设备陈旧落后等原因，孟加拉国输电、配电系统的损耗非常高，21世纪初仍高达 20% 以上，近年来在加大投资力度和改善输配电设施等具体措施的推动下，配电损耗才有所下降。孟加拉国配电系统损耗见表 5。

表 5 孟加拉国配电系统损耗

单位：%

年　　度	配电损耗
2000～2001	25.34
2001～2002	23.92
2002～2003	21.64
2003～2004	20.04
2004～2005	17.83
2005～2006	16.53
2006～2007	16.26
2007～2008	15.56
2008～2009	14.33
2009～2010	13.49
2010～2011	12.75
2011～2012	12.26

资料来源：Bangladesh Power Development Board。

⑤可再生能源

太阳能。孟加拉国有漫长的海岸线，常年日照充足，适合发展太阳能发电。截至 2012 年 12 月，孟加拉国已建成覆盖全国 188 万户家庭的太阳能光伏系统（Solar Photovoltaic，PV），该系统容量为 80 兆瓦。这一工程主要由基建发展有限公司（Infrastructure Development Company Limited，IDCOL）、农村电气化委员会（Rural Electrification Board，REB）、地方政府工程部门（Local Government Engineering Department，LGED）和孟加拉国电力发展局（Bangladesh Power Development Board，BPDB）等部门实施，非政府组织和私人资本也可以参与该计划。

风能。近年来孟加拉国在风能的利用方面也取得了一些进展，其潜力主要集中在沿海地区、沿海岛屿与强风地区。相关部门已在这些地区设置了风力抽水机和风力发电机。目前，孟加拉国已在 Feni 和 Kutubdia 安装了 2 兆瓦的风机。

生物质能。生物质资源（稻壳、农作物残余物、木材剩余物、黄麻棒、动物废弃物、城市垃圾、甘蔗渣等）在孟加拉国非常常见，全国均可利用。因此，孟加拉在生物质气化发电方面有很大潜力，生物能开发的技术也可用于大规模发电。

沼气。沼气是孟加拉国前景较好的可再生能源资源之一，目前全国以村户或村庄为单位的沼气厂数以万计。未来孟加拉国再发生类似 2010 年供电危机的时候，沼气很可能会成为农村和城郊电力供应的来源之一。

水电。孟加拉国的水电资源有限，仅能在吉大港山区安装小型水电站。20 世纪 60 年代，卡佩台镇（Kaptai）安装了容量为 230 兆瓦的水电厂。目前孟加拉国已确定了几个 10 千瓦至 5 兆瓦的水电评估点，但还没有开始生产电力。

核电。孟加拉国计划和俄罗斯国家核能公司（Rosatom）合作建设一座核电站——卢普尔（Rooppur）核电站，装机容量为 2400 兆瓦，包括 2 台机组，将在 2017 年 10 月启动，第一台机组预计 2022 年投产，第二台机组预计 2023 年投产。核反应堆寿命为 60 年，也可再延长 20 年。[①] 如果核电开发利用顺利，孟加拉国的电力紧缺问题将得到较大改善。

（2）能源供需关系

据英国石油公司（BP）统计，2016 年孟加拉国天然气产量为 2000 亿立方米，与 2015 年持平，占全球天然气产量的 0.1%。[②] 孟加拉国天然气主要用于发电，其次用于制造化肥，少量用于满足商业和普通家庭需求。随着人口增长和工业化进程的加速，孟加拉国对天然气的需求量正在进一步增加。2016 年，孟加拉国的天然气消费量为 275 亿立方米，较 2015 年增长 2.2%。

孟加拉国巴拉普库利亚（Barapukuria）煤田已经开发并于

---

① 《孟加拉能源概况和中孟能源合作建议》，中国驻孟加拉国大使馆经商处，http：//bd. mofcom. gov. cn/article/ztdy/201605/20160501310457. shtml。

② *BP Statistical Review of World Energy*, June 2017.

2005 年 9 月投产，目前日产量为 2500 ~ 3000 吨，年产量 100
万吨左右。截至 2012 年 6 月，巴拉普库利亚煤田已产煤 455
万吨，其中 65% 供给巴拉普库利亚 250 兆瓦的发电厂发电。
由于进口煤炭费用低于当地煤矿开采投入，孟加拉国政府倾向
于进口煤发电。孟加拉国煤炭的主要进口来源国是印度、中国
和印度尼西亚。

目前孟加拉国的电力供应处于严重短缺状态，年人均发电
量只有 272 千瓦时，电网只覆盖了全国人口的 53%，曾在
2010 年发生过严重的供电危机。截至 2014 年 6 月，孟加拉国
400 千伏、230 千伏和 132 千伏的输电线长度仅为 164.7 公里、
3066 公里和 6150 公里。[1]

（3）孟加拉国能源需求预测

由于石油极度贫乏、煤炭开采成本高，因此孟加拉国的能
源消费以天然气为主。孟加拉国普通家庭的主要能源使用情况
如下：烹饪用能源以生物质能源为主，包括秸秆、树叶、干牛
粪和木柴，而这类资源会随着城市化进程加快而变得越来越难
以获得，会逐渐被新的能源替代；照明用能源以电力为主，煤
油也占了很大比重，这表明电力在孟加拉国经济与社会发展中
的重要作用，同时也表明孟加拉国未来依赖进口石油的能源格

---

[1]《孟加拉能源概况和中孟能源合作建议》，中国驻孟加拉国大使馆经商处，
http://bd.mofcom.gov.cn/article/ztdy/201605/20160501310457.shtml。

局不会发生改变。

2. 印度

印度的能源资源包括煤炭、石油、天然气、水电、核电、可再生能源与生物质能几种类型。印度的煤炭资源较为丰富，产量却相对较低。油气资源较为稀缺。就孟中印缅经济走廊覆盖的地区而言，西孟加拉邦拥有丰富的煤炭能源，阿萨姆邦拥有总储藏量约为 12 亿吨的煤炭资源，曼尼普尔邦拥有丰富的水利资源，但开发程度很低。

（1）能源概况

①印度能源资源基本情况

印度是世界储煤大国，据英国石油公司统计，2016 年底，印度煤炭（包括无烟煤、沥青、次烟煤和褐煤）储量高达 947.69 亿吨，约占世界总储量的 8.3%，但产量相对较低。长期以来，煤炭勘探及开发为国有企业所垄断，煤炭产能很难满足需求的增长速度。为进一步提高煤炭产量，满足能源需求，2007 年 8 月印度政府采取向外国投资开放的新政策。2016 年，印度煤炭产量为 28.85 亿吨，占全球产量的 7.9%。

相对于丰富的煤炭资源，印度的油气资源较为稀缺。截至 2016 年底，印度石油探明储量为 47 亿桶，仅占全球储量的 0.3%。1994 年印度的原油产量达到 3660 万吨的高峰，之后尽管印度政府尽力推行包括出台新勘探许可制度（NELP）等一系列措施刺激原油开发，但印度的石油勘探和开发长期不景气，再也没有超过 3660 万吨的纪录。印度的天然气储量同样不足，至 2016 年底的天然气储量为 1.2 万亿立方米，占全球储量的 0.7%；产量为 276 亿立方米，占全球产量的 0.8%[①]。

印度的天然气储量分布不均，70% 在古吉拉特邦和孟买地区。近年来印度天然气消费量增长较快，使得印度开始依靠进口来解决国内大部分天然气需求。由于印度政府鼓励在沿海地区建设燃气电厂，所以天然气增长总量中的多数用于燃气发电。为了推广天然气，印度大力投资天然气基础设施。印度天然气管理有限公司（Gas Authority of India Limited, GAIL）计划把 Hazira – Bijaipur – Jagdishpur 管线（HBJ）的输送能力扩大一倍。管道天然气方面，印度政府正在探讨从伊朗的南帕尔斯气田通过管道进口天然气（通过海底管道或途经巴基斯坦），或将孟加拉国的天然气输送至印度燃气管网。

在可再生资源方面，印度的太阳能发电可开发潜力巨大，印度的大部分地区每年的日照有 300 ~ 330 天，转换成电力相当于每年超过 5000 万亿千瓦时，远远超过印度每年的电力消费量。据印度新能源及可再生能源署的统计，2013 年印度拥有新能源 89774 兆瓦，其中风能 49130 兆瓦，占 54.73%；小水电 15399 兆瓦，占 17.15%；生物能 17538 兆瓦，占 19.54%；基于

---

① *BP Statistical Review of World Energy*, June 2017.

甘蔗渣的能源 5000 兆瓦，占 5.57%；其他占 3.02%。印度政府预计，在未来 25 年内，印度 16% 的电力需求将由风能满足，到 2030 年，印度的风电发电量能够满足本国电力需求的 16%。

②印度境内"孟中印缅经济走廊"核心区域的能源资源概况

孟中印缅经济走廊的核心区域是指连接经济走廊重要节点的交通干线、重要支线两侧及周边的重要城市，在印度境内主要包括西孟加拉邦、阿萨姆邦和曼尼普尔邦等。

西孟加拉邦位于印度恒河平原东部，拥有丰富的自然资源，能源上主要为煤炭、高质量的石英和煤层气以及丰富的风能、生物能、太阳能等可再生能源。印度西孟加拉邦能源储量见表 6。2011~2012 财年，西孟加拉邦的发电量为 7620 兆瓦，不仅满足了西孟邦持续增加的用电需求，并且还有盈余。据预测，2021 年西孟加拉邦的电力供应将达到 8937 兆瓦~10871 兆瓦，2031 年将增加到 14730 兆瓦[1]。

表6　印度西孟加拉邦能源储量

单位：兆瓦

总能源储量	热　能	核　能	水　能	可再生能源
9891.66	9220.19	92.88	315.88	262.71

资料来源：Draft Annual Plan, Development & Planning Department of Government of West Bengal, 2011/12。

---

[1]　Draft Annual Plan 2011 - 12, Development of Planning Department, Government of West Bengal.

阿萨姆邦是印度最东北的邦，同中国、不丹、孟加拉国、缅甸等国相邻。阿萨姆邦具有丰富的矿产资源，可开发的资源有原油、天然气、煤炭和石灰石等，但目前矿产资源并没有得到充分的开发与利用。阿萨姆邦煤炭储藏量很大，约为12亿吨，主要分布在高伊拉伽、乌姆朗苏、科塔－阿尔达等地区。地下煤层从西部的迪利－焦普尔一直向东延伸至提普克。出产的煤炭品质独特，具有燃烧指数高（36%～42%）、灰分低（3%～15%）以及挥发分高（10%～19%）等特点。就阿萨姆邦的能源产量而言，2010～2011年度，阿萨姆邦的煤炭产量约为1110千吨，原油4714千吨，天然气2500百万立方米，较上一年度有所下降（见表7）。阿萨姆邦自然资源十分丰富，丰富的水资源使当地在农业灌溉和水力发电方面具有极大的发展潜力。

表7 印度阿萨姆邦的能源生产情况

年　　度	煤炭（千吨）	原油（千吨）	天然气（百万立方米）
2003～2004	738	4571	1999
2004～2005	581	4702	2037
2006～2007	956	4429	2195
2007～2008	1058	4426	2238
2008～2009	1101	4361	2397
2009～2010	1203	4738	2476
2010～2011	1110	4714	2500

资料来源：Indian Bureau of Mines。

曼尼普尔邦拥有富足的水力资源。据统计，曼尼普尔邦拥有 2000 兆瓦的水力资源，但仅有极少的水力资源得到了开发与利用。目前，曼尼普尔邦水利部门已经确认了几十个可开发水力资源的位置。

（2）能源供需关系

印度是世界能源消费大国，2011 年，印度各种能源消费中煤炭占 41%，天然气占 8%，石油占 23%，固体废弃物能源占 23%，核能和其他可再生能源占 5%。

煤炭在印度能源消费中占据主导地位，消费量巨大。石油与天然气在印度各类能源使用量中所占的比例并不大，共约 31% 左右（2012 年），但其对于印度国计民生具有重要的战略意义。因为石油天然气制品的终端用户主要集中在农业、交通运输、国防、航空等行业，能源供应的短缺或价格的较大波动都会对这些关键行业产生不可估量的影响。天然气因其质优价廉、单位热量的温室气体排放量相对于其他几种碳氢化合物相对较小，也是印度寄予厚望的"过渡性能源"。核能与水能在印度能源供应中所占比例很小，这主要是由于水电站与核电站的初期投入较大，且技术难度相对较高，加上印度某些地区环保组织的抗议，政府对于水电与核电的规划长期停留在纸面上，难以落实。当前国际范围内对地热、太阳能与风能等新能源开发的浪潮对于印度更新、优化自身的能源结构是一个难得的契机。印度具有丰富的可再生能源，其太阳能、风能等的大规模开发利用，将成为印度未来能源结构调整的一个重要方面。但应该看到，即使印度政府的规划能够落实，新能源在国家能源使用中所占的比例也是有限的，且集中于家庭使用，难以取代石油、天然气在关键部门的使用，因此战略意义有限。印度电力生产的主要形式是热电，而热电主要依靠大量的煤炭消耗。水电与核电目前所占比例较小，不足20%，但从政府规划上看，未来电力应用中水电、核电与可再生能源发电的比例会进一步扩大。

1998~2009年印度石油产量均未超过1994年的水平，2012年印度石油产量为4200万吨。天然气和煤炭的勘探和开发取得了一些成就：2012年，印度天然气产量为402亿立方米，煤炭产量为22880万吨。

随着能源消费增长速度不断加快，据英国石油公司统计，2015年底，印度煤炭消费量从1965年的3550万吨油当量增长到2015年的4.072亿吨油当量；天然气消费量从1965年的20万立方米增长到2015年的5006万立方米；石油年消费量从1965年的25.2万桶增长到2015年的415.9万桶。[①]

实际上，对于原油和天然气，印度的能源利用效率并不高。其单位能耗产生的GDP只是中国的一半，达不到世界平

---

① 数据来源：*BP Statistical Review of World Energy*, June 2016。

均水平的四分之一，与美国、日本等发达国家相比更低。根据
2001 年颁布的《能源节约法案》，印度成立了国家能源效率局
（BEE），其目的是提高印度各个部门的能源使用效率。目前，
印度的能源效率局正在开发一项取代现有白炽灯的清洁发展计
划。该计划若顺利实施，预计每年减少排放 2400 万吨二氧化
碳，这一规范的公布以自愿为原则，为负荷在 500 千瓦及以上
的商业建筑设立能耗方面的要求。

（3）能源需求预测

从印度能源需求的发展趋势来看，其国内生产远远不能满
足能源的需求，石油对外依存度将逐步提高。根据一项预测
（见表 8），2020 年印度的石油产量仅为 2900 万吨，而需求则
高达 26700 万吨，石油对外依存度大于 89%。而到 2030 年，
国内石油产量将维持不变，但需求则高达 37900 万吨，石油对
外依存度高于 92%。

表 8 印度石油供求状况预测（2005~2030 年）

单位：万吨，%

年 度	2005	2010	2020	2030
石油需求	12900	17200	26700	37900
石油产量	3800	3800	2900	2900
石油净进口量	9100	13400	23800	35100
石油对外依存度	71	78	89	92

资料来源：Kokichi Ito, "Asia/World Energy Outlook 2007, Focusing on China and
India", *IEEJ*, October, 2007, p. 74, http：//eneken. ieej. or. jp/en/data/pdf/405. pdf。

随着对天然气需求的不断增加，印度对天然气的进口也将呈不断扩大的趋势。国际能源机构预测印度天然气需求将从402亿立方米增加到2020年的820亿立方米，占主要能源消费的比重从9.0%提升到10%～12%。

在煤炭方面，虽然其储量较为丰富，但从1978年起，印度就不断进口煤炭。与煤炭产量预测比较，印度煤炭需求预测增长速度（在GDP增长8%的情景下）为5.7%，超过了煤炭产量5.4%的增长速度。根据2004年的一项预测，印度的煤炭需求量将从2004年的40420万吨增长到2024年的127200万吨，而产量将从38260万吨增加到108600万吨。在7%的经济增速情景下，印度煤炭需求量将从2004年的40420万吨增长到2024年的114710万吨，年均增长约5.4%，约等于同期煤炭产量的增长速度。如果印度的经济增长率达到8%，其煤炭进口年均增长率高达8.8%[①]。

3. 缅甸

缅甸的石油、天然气、煤炭和水能等常规能源蕴藏量都较丰富，太阳能、风能、地热能等新能源也具有一定的开发潜力。油气资源在区域内相对丰富，使缅甸成为亚太地区第四大

---

① Koichi Koizumi, Kiminori Maekawa, Kouzou Yudate, Nobufumi Inada, "Coal Supply and Demand Trends in India," *IEEJ* (October, 2006), p. 21.

天然气出口国，同时也是亚太地区通过管道出口天然气最多的国家。缅甸河网密集、水能开发潜力巨大，但由于受到技术水平限制，水电基础设施不到位，目前仅开发不到十分之一。

（1）能源概况

缅甸有百余年的石油开采历史，石油和天然气在内陆及沿海的蕴藏量都较为丰富。虽然从全球范围来看，缅甸的油气储量所占比例并不大，但在所研究区域内，缅甸的油气资源算是比较丰富的。缅甸官方在2014年1月第二届海洋油气峰会上公布的数据显示，其石油探明储量为1.6亿桶，天然气探明储量为22.5万亿立方英尺（约6372亿立方米）[①]。而东盟能源组织的资料显示，缅甸可能存在的油、气储量分别是31.57亿桶和51万亿立方英尺[②]。根据已掌握的地质资料，缅甸共有17个大小不等的沉积盆地，其中陆上14个，海上3个，这些盆地共划分为104个区块，其中海上51个，陆上53个。[③] 近年来，缅甸新发现不少大油田和天然气带。2016年1月，缅甸石油天然气公司、缅甸MPRL公司与澳大利亚伍德赛德石油公司（缅甸）及法国道达尔公司（缅甸）（Total E&P Myan-

---

① 《缅甸石油和天然气分布调查》，中商情报网，http：//www. askci. com/news/2015/04/03/8557lrqy. shtml。

② 东盟能源网站，http：//www. aseanenergy. org/publications_ statistics/energy_ profile/myanmar/energy_ resources. htm。

③ 《缅甸石油和天然气分布调查》，中商情报网，http：//www. askci. com/news/2015/04/03/8557lrqy. shtml。

mar）合作，在若开近海深水区 A - 6 区块 1 号井钻探发现天然气层。1 号井位于伊洛瓦底省额韦桑海岸以西 30 英里 2030 米深水区，井钻深度为 5306 米，初步发现天然气带宽 129 米，产层厚度至少 15 米。这是缅甸首次在近海深水区发现大储量天然气层。[①]

在天然气方面，2012 年缅甸出口天然气 54289.8 亿立方英尺，[②] 在东南亚国家中仅次于印度尼西亚。目前缅甸仅有三座炼油厂，分别是位于仰光丁茵镇和马圭省的丁茵炼油厂、稍埠炼油厂和丹布亚甘炼油厂，最早的建于 1954 年，由于年份太久不能满负荷运转。三个厂的日炼油总量为 5.1 万桶，无法满足国内需求[③]。目前，缅甸已规划在曼德勒建造一个新的炼油厂，以提炼中缅油气管道年下载量为 200 万吨的原油。该厂由中方投资 51%，缅方投资 49%，日炼油能力为 5.6 万桶[④]。一旦该炼油厂建成，缅甸的炼油量将会翻番。

缅甸境内河网密集，主要有伊洛瓦底江、钦敦江、萨尔温江三大水系，水能开发潜力巨大，理论装机蕴藏量约 100000

---

① 《缅甸首次发现近海深水区块天然气》，中国驻缅甸大使馆经商处，http://mm.mofcom.gov.cn/article/jmxw/201601/20160101227665.shtml。

② 《中缅能源合作的现状及存在的问题》，载徐勤华主编《中国能源国际合作报告》，中国人民大学出版社，2013，第 155 页。

③ 胡建良：《东南亚地区炼油行业概况》，《中外能源》2012 年第 3 期。

④ 《中缅合作将在曼德勒新建一原油炼油厂》，《缅甸时报》2011 年 2 月 18 日。

兆瓦（不含湄公河干流），经济技术可开发量超过 50000 兆瓦。但由于受到技术水平限制，水电基础设施不到位，目前仅开发不到十分之一，[①] 而且多是调节性能较差的中小型水电站。缅甸主要水电资源集中在伊洛瓦底江上游，规划可以开发 7 级，21500 兆瓦；萨尔温江规划开发 6 ~ 7 级，装机 16350 兆瓦以上；钦敦江 5000 兆瓦以上。

缅甸《十一新闻》2012 年 1 月 4 日报道：缅甸煤炭主要分布在克钦邦、实皆省、掸邦、马圭和德林达依省的 16 个区域内，储量有 2.7 亿多吨。缅甸的煤炭大多是次烟煤和褐煤。次烟煤主要分布在东北部的实皆省、中部的马圭省和掸邦、南部的德林达依省，褐煤主要分布在东北部和中部。近年来，缅甸煤炭产量出现大幅增长，从 1988 年的 6.5 万吨增加到 2011 年的 140 万吨。[②] 但受资金、技术和煤炭资源分布较为偏远等限制，缅甸的煤炭目前尚未进行规模化开采。

经电力部门测算，缅甸夏季的辐射强度超过 5 KWh/m²/天[③]，上缅甸的孟牙、密特拉、马圭、曼德勒等地夏季日照充足，土瓦和仰光等地冬季日照较强。但是，缅甸对太阳能的开发利用仍处于初级阶段。《缅甸新光报》2016 年 5 月 19 日报

---

① ADB, *Myanmar: Energy Sector Initial Assessment*, October 2012.

② World Economic Forum, ADB and Accenture, *New Energy Architecture: Myanmar*, June 2013, p. 13.

③ http://myanmar.caexpo.com/jmzx_ md/2011/08/30/3542465.html.

道，缅甸电力和能源部、缅甸 Won Toll Co.，Ltd. 及泰国 Kamrai Paint Limited Part – nership 公司 5 月 18 日签署三方 MOU，计划在缅甸伊洛瓦底省建 30 万千瓦太阳能电厂，总投资约 10 亿美元。① 缅甸风能蕴藏量约为 3651 亿千瓦时（TWh）每年，但由于昂贵的建设费用，风能仍处于实验和研究阶段。缅甸曾在日本的协助下对伊洛瓦底省羌达海滩（Chaung Tha Beach）进行风能发电可行性调查，后因某种原因停止。2011 年 11 月，缅甸第二电力部与泰国 GUNKUL Engineering Public 公司在内比都二电部签署了缅甸首个风能发电站谅解备忘录。该风能发电站共分五期，总装机容量为 100 万千瓦，主要是为了解决缅甸南部德林达依省、克伦邦和勐邦等地的用电问题。2013 年 9 月，缅甸电力部与泰国 Gunkul 工程公司和中国三峡集团签署了关于风力发电项目的谅解备忘录。根据该备忘录，两公司将用一年左右时间就商业风电开发进行可行性研究。其中，Gunkul 公司拟在孟邦、克伦邦、德林达依省和掸邦等 7 个地点建设风电机组，预计装机容量 2930 兆瓦；三峡集团则计划选址在钦邦、若开邦、伊洛瓦底省和仰光省，发电目标为 1102 兆瓦。2016 年 2 月 29 日，三峡集团与缅甸电力部在缅甸首都内比都签署羌达风电项目开发协议，首期开发装机 30

---

① 《缅甸计划建 30 万千瓦太阳能发电厂》，中国驻缅甸大使馆经商处，http://mm.mofcom.gov.cn/article/sqfb/201605/20160501328702.shtml。

兆瓦。

缅甸还拥有相对丰富的生物质能。2011年3月23日，中缅两国政府签署沼气项目换文，按照协议中国政府将向缅甸提供300套6立方米户用沼气设备，帮助缅甸推广以沼气为主的生物能源开发利用，改善农村生态环境。[①]

缅甸还有着较为丰富的地热能，估计有93个地热点[②]。

（2）能源供需关系

在缅甸的一次能源消费中，生物燃料占很大比重，其次是天然气和石油。2000年以来，缅甸的天然气消费增长迅速。缅甸的煤产量不是非常稳定，2006～2007年度产量曾高达130多万吨，但2009～2010年度的产量还不到40万吨。发电和生产水泥是缅甸两个主要煤消费领域。天然气是除生物燃料外缅甸最主要的一次能源。2004年以来，缅甸的天然气产量一直保持在100亿立方米以上，2007年曾高达135亿立方米，此后两年出现回落。据英国石油公司统计，缅甸2012年的天然气产量为127亿立方米，占全球天然气产量的0.4%。

（3）能源需求预测

随着国内对天然气需要的加大，今后缅甸天然气将主要用

---

① http：//www.itdcw.com/archives/3250.

② "Energy Profile Myanmar," Reegle, http：//www.reegle.info/countries/myan-mar - energy - profile/MM.

于供应国内市场。缅甸国内的天然气消费主要用于发电、工业和交通运输。随着交通运输业的发展，该行业的天然气消费量呈不断上升趋势。缅甸用电主要靠水电，其次是天然气。受技术和设备等因素的制约，缅甸的实际发电能力要远远小于电力装机量。未来，缅甸的电力需求将不断上涨。据预测，缅甸2030年的电力需求将增长至2000万千瓦。[①]

（二）孟、印、缅三国的能源政策

1. 孟加拉国

2004年孟加拉国制定了2020年实现电力覆盖全国的计划，以促进区域间能源的合理分配，形成有效的能源市场体系，从而保证能源能够持续满足经济发展的需求，保证能源安全。与此同时，孟加拉国于2004年制定了能源发展政策，并在2008年根据实际情况进行了修订，主要内容如下。

（1）非可再生能源（天然气、石油、煤炭等）政策

利用最新科技全面评定非可再生资源的总体储量，建立全面的能源储量信息库，鼓励国有企业加大勘探力度，特别是在西部和离岸地区的油气资源开发。

[①] 《2030年缅甸电力需求将增长5倍》，商务部网站，2013年9月16日，http://www.mofcom.gov.cn/article/i/jyjl/j/201309/20130900305522.shtml。

①天然气行业

建立全国统一的天然气管网，以保证天然气的供应；加强天然气管理运行效率，在生产、运输和分配环节各自成立自负盈亏的公司，允许公司进行商业化的运作，允许并发展私人部门进入天然气开采领域，同时，在国有资本不足时，允许私有资本以合资方式进入天然气管道铺设项目。为提升管理水平，逐步推进天然气分配领域的私有化。

②石油行业

除有些企业拥有石油开采、运输和分销等设备和技术外，石油行业逐步向所有私营部门开放。

③煤炭行业

为使煤炭行业的管理更具效率，煤炭的开采、运输等活动将由巴拉普库利亚煤炭公司负责。

④电力系统

在电力生产、运输、分配等各个环节，将成立自负盈亏的公司，现有的电力企业也将进行企业化改造，进行商业化的运作。农村电力委员会将继续实施"农村电力化全覆盖"工程。

⑤能源和环境保护政策

在能源生产和消费的各个环节采取相应的保护措施，使能源的发展与环境保护相结合，同时使用技术支持、优惠贷款、税收减免等激励手段来达到保护能源的目的；此外，实施《能源保护法案》，为能源保护提供法制保障。禁止在森林区域内及边界 3 千米以内开展商业采矿和采石，3 千米至 10 千米之间的开采活动需经过认证对森林无负面影响后方可进行。引入能源审计制度，加强能源监管和保护部门的职能，鼓励使用节能电器，以减少能源浪费。

⑥能源价格政策

能源价格由成本决定，并对最终用户提供相应的价格补贴，政府的补贴政策应与相关企业进行沟通协商，不能将成本转嫁给企业。对油气资源消耗大户采取阶梯定价制度，在高峰期和非高峰期收取不同价格。离岸开采的油气价格将比在岸的高 25%。石油价格将根据市场供求及亚太石油指数（APPI）进行调整。

⑦能源企业融资政策

国有能源企业应该允许其从市场上自主融资，既可以以发行股票、债券等直接融资方式进行，也可以通过银行贷款等间接融资方式。考虑到能源企业是经济发展中的基础行业，由政府资助的工程项目贷款的利率应不高于商业贷款的最低利率。

⑧能源区域协调政策

为满足西部地区的能源需求，政府将采取以下措施：为油气资源的勘探和开采提供特别激励措施；继续发展巴拉普库利亚煤矿，继续勘探潜在的煤炭；发展煤炭发电项目；在 Mongla 建立油库，保障石油燃料的有效供应；在西部地区扩展电力和油气的运输、分配网络；鼓励在西部离岸进行油气开采活动；加大在西部地区的燃气电厂建设；在西部地区建立第二炼油厂；在农村与城市能源消费不平衡问题上，需要通过价格政策的调节，保证能源使用的公平，使农村地区能够有可靠的能源供应。

⑨能源战略储备

石油战略储备目标是保持 60 天的消费量，油库将分布在全国各地，以应对极端天气及干旱、洪水、战争等特殊状况；在离岸岛屿上储存适当的煤炭以应对极端情况下居民生活所需；天然气储备采用备用井制度，备用的气井将占到所有生产气井的 20%。

⑩能源的研发和人力资源的培养

每个能源企业都应有相应的系统研究计划，将利润的一部分用于支持能源领域的研发活动，同时电力、能源和矿产资源部也将下设研发机构，以支持能源领域的研发。能源企业需要有全面培养该专业领域的人才计划，政府应该组织相关活动让民众提高能源意识。

⑪法律保障

为保障能源政策的实施，在适当的时候，可以修改相关法律法规；保证 6 个月内办理开采许可证，有争议地区的开采许可在 9 个月内办理；为开采企业有偿提供全面能源储量信息，定期更新生产合约。

⑫财政政策

允许企业根据生产分成合同（Production Sharing Contract）提取一定比例利润；国有企业和私有企业平等；签订合同时不需要缴纳管理费用和手续费，合同服务费用按年度收取，最低为5万美元；对离岸油气开采企业采取特殊照顾措施，合同服务费用和政府分成将会比在岸企业低，向深海领域开采油气企业提供进一步的激励；对油气勘探开采企业进口机器设备或其他耗材实施免关税政策。

⑬商业政策

鼓励当地企业吸收外来资本，组建合资企业，从事勘探开采活动；当油气生产企业发现油气田后，如果在12个月内政府没有相关的指示，企业可以自由在市场上销售所开采油气，同时需要尽最大努力将开采地复原。

（2）可再生能源政策

可再生能源在孟加拉国受到诸如政策、体制、融资、市场、技术和信息等因素的制约，发展缓慢。私有资本的加入是当前可再生能源发展首要考虑的问题。

可再生能源政策的目标：促进可再生能源吸收私人资本的投入；加速可再生能源电气化项目的实施；可再生能源发电比重在2015年达到总发电量的5%，在2020年达到10%；可再生能源的发展与环境保护相结合；增大能源企业市场竞争程度。

金融措施：孟加拉国政府将组建发展可再生能源基金，并在全球环境基金的援助下，建立可再生能源信托基金；作为"京都议定书"签署国，孟加拉国将会建立可再生能源项目，以减少碳排放量；允许该领域基金在证监会许可下发行债券；外国银行在许可下可以承销该领域基金发行的债券。

财政措施：无论是国有还是私营部门发起的可再生能源项目，都可以免征企业所得税15年；对太阳能光伏发电企业和太阳能光热项目实行第一年折旧100%的政策，对风能、生物质能、地热、潮汐等能源实行5年内100%折旧政策；在国内不能生产这些设备的前提下，可再生能源项目的企业从国外进口相关机器设备，免征关税、增值税及其他附加费；外国投资者可将收益输送至其本国内；外国投资者将自由进入合资企业。

支持可再生能源领域新技术的发展和新商业模式的应用，支持建立中小型可再生能源企业；在可再生能源领域创造市场机遇，发展一大批该领域的市场主体，在能源领域提供一条龙服务；在融资、再生能源研发、再生能源信息服务等方面提供便利。

2. 印度

（1）国内能源战略

1991年拉奥政府实施经济改革以来，印度的能源短缺问题一直未能得到很好的解决，已经成为制约印度经济发展的瓶颈。21 世纪以来，印度的决策者和战略家都意识到建设大规模的电力设施已经迫在眉睫。面对严峻的能源形势，印度政府采取多种政策措施促进经济保持高速发展。

第一，在 21 世纪初先后颁布了两部法律，用法律形式规范国家能源保护和利用行为。在 2003 年以前，印度有两部电力法，即 1910 年颁布的《电力法》和 1948 年颁布的《电力法》。两部电力法因经济社会环境发生变化而显得过时。为促进电力工业发展、满足经济快速增长下的能源需求，印度在 2003 年颁布新的《电力法》。2003 年《电力法》最大的特点是引入竞争机制，建立电力购买企业和电力销售企业的多元化格局。

根据《电力法》，在电力生产领域，除水电外，取消许可证制度，实行自由准入制度；独立电力生产厂家将电力输入电网时实行无差别对待，也可以建立自己的独立电网，电力生产企业可以同用户签订供电合同，电力消费企业也可以建立自己的发电设施。在电力传输和分配领域，该法最大的特点是实行开放政策，鼓励各种资本进入电力传输和分配领域。

另一部是 2001 年颁布的《能源保护法》。根据《能源保护法》，由中央政府设立能源效能局，专门负责能源政策的制定和能源法律的起草，负责中央政府能源政策的执行。

第二，改革国内的能源行业，放松管制，并加速能源部门的私有化进程。在石油天然气生产领域，允许国有企业组建自己的董事会，避免政府干预企业生产和经营，以便提高企业的管理水平。政府将石油合作委员会的职能进行重新划分，改变过去该委员会垄断石油、天然气计划和生产的模式。职能划分后，石油天然气贸易协会负责石油天然气流通，石油天然气管理局负责生产领域。政府的能源消费补贴在城市施行，广大的农村居民享受不到政策优惠。据统计，有25%的民众能够享受到政府70%的财政补贴，90%的农民仍然依靠传统的燃料来满足生活需要，约4亿人还不能用上电。政府决心改变这种能源消费严重不平衡的现象。印度政府为此实施了新的发展计划，通过特许安排和高额财政补贴，在农村修建电力基础设施。

从1991年起，印度开始改革石油部门，向私营企业和外资公司开放陆上石油的开发和生产，主要通过生产分成合同的方式进行，同时也向私营公司开放炼油部门。1996年，印度政府再次改革石油部门。其中一项政策是：逐步减少并最终取消对原油和石油产品的价格补贴，取消政府控制煤炭价格波动等。另一项政策是：通过立法和管理等多方面的措施，吸引更多外资投入能源部门。而印度开展国内能源改革，其主要目的在于取消对能源价格和能源市场的管制，并通过重组国内企业，包括国有企业和合资企业，使印度能源工业国际化。印度通过政策转变扩大了国内的能源生产能力和供给能力，表现为从中央控制、以公共部门为主的能源业转变为竞争性强的市场经济体系，注重私人企业和外来企业的投资，并将其引入油气资源的勘探和能源生产行业。

此外，随着印度能源短缺越来越严重，有数据显示在几年的时间内，进口石油和天然气占印度能源消费总量的 2/3，甚至达到 3/4，这就意味着印度将面临严重的国际能源供应干扰和中断的威胁。为了避免这一危险，印度正在建立战略石油储备。政府鼓励私人企业进入能源生产领域。到 2007 年私人企业已在印度炼油业中占到 30%，新的开采许可政策允许私人资本进入石油和天然气开发和生产领域。一家大型的私人公司（信实工业有限公司）已经在印度的深海发现天然气。政府鼓励私人资本进入电力生产和分配领域，并实施了大型电力生产计划。该计划拟建立七个大型电厂，每个电厂生产能力约 4000 兆瓦。政府兴建这些项目能够应对燃料供应不足所引发的不利影响。不过，该计划中私营部门仍只能进行发电生产，无法涉足电力传输和分配。

第三，建立节约、可持续发展的经济模式。前任印度总理莫汉·辛格认为，世界无法承受一些发达经济体所采取的那种高消费模式。为此，印度制定的《国家发展战略》把建立节约、可持续发展的经济模式放在特别重要的地位。尽管在 2004 年以来，印度年均经济增长率超过 9%，但能源消耗增长率不到 4%，这说明印度节约能源政策已经取得了积极成果。

第四，建立清洁能源发展机制。近年来，印度大力发展可再生能源。为促进可再生能源发展，专门建立了非常规能源部和印度可再生能源开发机构，后者向可再生能源业提供资金支持。印度拥有超过 7000 兆瓦的风力发电能力，位居全球第四。政府提供政策支持，鼓励对煤电厂进行现代化改造，采用高效、清洁、节能技术。2007 年 5 月，印度政府制定建筑节能规范，要求在大型商业建筑中使用节能技术。

（2）对外能源战略

印度政府也采取了积极的国际能源战略。第一，鼓励国有能源公司参与国际能源市场，购买份额油，促进能源来源渠道的多元化。目前，印度石油天然气公司通过为维德什公司（印度石油天然气公司下主要负责海外油气投资的分公司）进行海外投资，该公司已经在许多国家有相关的项目，例如苏丹、俄罗斯、利比亚、越南、伊朗、叙利亚、黎巴嫩、哈萨克斯坦、印度尼西亚、伊拉克、缅甸和斯里兰卡等。第二，积极开展能源外交。进入 21 世纪以来，印度政府高度重视能源安全问题。印度试图通过改善和加强同周边能源生产国、海外能源生产国、能源消费大国、核能大国的合作来改变印度能源面临的处境。首先，构建"南亚地区能源中心"，搭建多渠道的能源输送路线，积极加强同周边国家的能源合作。其次，印度还加强同与其没有直接地缘政治关系的海外能源生产国在能源勘探、开采、采购股权等方面开展合作，扩大能源尤其是石油和天然气的稳定供给和储备。再次，加强同亚洲能源消费大国尤其是中国和日本的合作，同时积极同日本、英国、法国等国开展在节能技术、可再生能源领域的合作。最后，积极同以美国为首的"核供应国集团"合作，积极发展核能。

3. 缅甸

（1）能源法律法规

缅甸没有专门的能源法。2012 年 11 月缅甸议会通过新《外国投资法》。根据该法案，外资可以投资缅甸的电力、石油和天然气等能源行业，并可享受到多项税费优惠政策。1990 年 3 月颁布的《缅甸商业税法》、1991 年 3 月颁布的《缅甸商业税法修正案》及 1991 年 9 月颁布的《缅甸联邦贸易部关于国内外合资企业的规定》等法律法规也为外商投资缅甸能源领域提供了相关法律依据。2012 年，缅甸还先后出台了《经济特区法》、《环境保护法》、《外汇管理法》和《缅甸公民投资法》，2013 年 1 月出台新《缅甸外国投资法实施细则》。

（2）能源政策

油气出口是缅甸的主要外汇来源，在缅甸经济中扮演重要角色。目前，受技术和资本的限制，缅甸的油气工业虽然得到发展，但还有很大的提升空间。此外，缅甸国内的天然气使用率并不高，这与其作为亚太地区通过管道出口天然气量最大的国家地位来说也不相符。由于缅甸政府的变革、缅甸民间组织力量的崛起以及起伏的民族冲突，缅甸政府的能源政策倾向发生了一些变化，这使得外国投资者在缅甸的投资面临一定的政治风险。其中，中方投资的密松水电站的停建就是一个信号，这也给其他在缅的外资工程，如中缅油气管道工程的建设和运营管理蒙上了阴影①。缅甸目前的国内能源政策目标主要包括：保持能源自给自足；扩大对新能源和可再生能源的利用；提高能源利用效率和能源资源保护；促进居民燃料多样化。到2020年实现比2005年节能5%，到2030年实现节能8%。②2013年1月，缅甸成立了国家能源管理委员会（National Energy Management Committee，NEMC）和能源发展委员会（Energy Development Committee，EDC）。国家能源管理委员会是由副总统领导的部长级机构，负责与相关部门协调，制定能源政策和规划。能源发展委员会负责实施国家能源管理委员会制定的能源政策和规划。③ 尽管缅甸已经制定了油气开发和消费上的一些相关政策，但政府尚未制定完整的能源发展规划，缺乏一系列固定的具体措施来确保能源目标的实现。

按缅甸政府规定，国外能源企业参与缅甸石油和天然气开

① 《中缅石油管道会不会是密松水电站的结局》，中国建筑新闻网，2013年1月21日，http://project.newsccn.com/2013-01-21/194078.html。

② ADB, *Myanmar: Energy Sector Initial Assessment*, October 2012, p. 4.

③ World Economic Forum, ADB and Accenture: *New Energy Architecture: Myanmar*, June 2013, p. 12.

发的合作方式有三种：产品分成协议（Production Sharing Contracts，PSC）、提高采收率协议（Improved Oil Recovery，IOR）和恢复开发生产协议（Reactivation of Suspended Field，RSF）。其中产品分成协议，即合作开发、共享成果，合同期为 20 年（可延长）；政府与合同者的份额分别为 60∶40。提高采收率协议，适用于提高内陆老油气田的产量，合同期为 20 年（可延长）；政府与合同者的份额分别为 65% 和 35%，增产部分按投资比例分成。恢复开发生产协议，即对一些已经开发但又停产的油气田进行重新开发，恢复生产；政府与合同者的份额分别为 50∶50，恢复生产后的产量则按投资比例分成①。国外能源企业采用产品分成方式投资缅甸油气领域可以享受下列优惠政策：建设时期所用设备和原材料免征进口税；免税期三年；所得税按 30% 计征；每年按 25% 加速折旧；供应国内市场的油价大抵与当地市场价相同。

（三）经济走廊内的国际能源合作

1. 孟中印缅能源合作概况

孟中印缅次区域是能源相对匮乏但又急需能源发展经济的地区，区域内的能源合作以双边合作为主，多边能源合作

---

① 〔缅甸〕佐青青：《走向 21 世纪的中缅油气合作》，硕士学位论文，云南大学，2011。

不多。

（1）能源勘探与开发

2011年9月6日，印度与孟加拉国曾签署备忘录，主要内容是印度与孟加拉国希望在加深两国传统友谊的基础上加强两国在新能源的开发利用方面的合作。此后，印度为孟加拉的西海岸线提供2800个太阳能灯具以弥补孟加拉国在强热带气旋中的损失。印度GAIL公司和OVL公司分别在缅甸近海石油勘探区内的A-1作业区各占10%的股份（这一作业区的另外两个大股东是韩国的KOGAS公司和大宇公司）。2001年11月，中国石油天然气集团公司（CNPC）旗下的中油国际有限责任公司（CIL）与中油香港有限公司成立合营公司，共同投资缅甸的油田项目。随后，中石油从加拿大TG World公司购买了包括IOR-3、TSF-2和RSF-3区块在内的Bagan项目，中缅油气合作由此拉开了序幕。目前，中石油、中石化和中海油在缅甸油气领域的投资全面展开。这些项目大多采用产品分成的合作方式，其中个别项目已发现较为理想的油气储量。2013年9月缅甸电力部与中国三峡集团签署了关于风力发电项目的谅解备忘录。三峡集团计划在钦邦、若开邦、伊洛瓦底省和仰光省选址建设风电场，发电目标为1102兆瓦①。2016年2月

①　中国驻曼德勒总领馆经商室：《缅甸拟与中泰合作开发风电》，2013年9月30日，http://mandalay.mofcom.gov.cn/article/jmxw/201309/201309003315 55.shtml。

29 日，三峡集团与缅甸电力部在内比都正式签署了开发伊洛瓦底省羌达风电项目的协议。这也是缅甸首个风电项目。

（2）能源基建与设备出口

中国在孟加拉国承建和投资了多座电站，主要承建的电站有巴拉普库利亚燃煤电站，装机容量 250 兆瓦（将扩容 275 兆瓦）；玛格丽特燃煤燃气联合循环电站，装机容量 337 兆瓦；沙吉巴扎燃气联合循环电站，装机容量 330 兆瓦；锡莱特调峰电站，装机容量 150 兆瓦；等等。投资方面，中国企业参与投资的电站有中国机械进出口总公司（CMC）和孟加拉国西北电力公司合资的帕亚拉（Payra）燃煤电站，装机容量 1320 兆瓦。山东电力建设第三工程公司、颐杰鸿泰发展公司将和孟加拉 S. ALAM 公司合资建设一座 1320 兆瓦的燃煤电站。[①] 2003 年中国山东电力基本建设总公司与印度第六大企业集团斯特里特公司在孟买签署了价值约 2.3 亿美元的巴库电站建设项目。2009 年 4 月山东电力建设第三工程公司与印度哈格尔电力公司签订了 2×600MW 燃煤机组电站 EPC 合同，合同总金额达 6.59 亿美元。中缅油气管道使孟中印缅经济走廊能源合作迈上了新台阶。在中缅油气管道的股权结构安排上，中方占股 50.9%，缅方占股 7.4%，韩国占股 29.2%，印度占股 12.5%。

---

① 《孟加拉能源概况和中孟能源合作建议》，中国驻孟加拉国大使馆经商处，2016 年 5 月 3 日，http：//bd. mofcom. gov. cn/article/ztdy/201605/20160501 310457. shtml。

缅甸除收获 7.4% 的管道股权分红外，仅仅因为"借道"，其在坐享管道运营税收、土地租金、油气过境费、就业岗位、技能培训补贴等好处外，每年还可在其境内"下载" 200 万吨原油和总输送量 20%（24 亿立方米）的天然气。2013 年 7 月 28 日，中缅天然气管道开始向中国输送天然气。2015 年 1 月 30 日，中缅原油管道开始运行。

（3）能源贸易

2008 年 12 月，中国在缅甸投资的水电 BOT 项目——瑞丽江一级水电站二号机组正式并网发电，部分电力回送至中国。这也是中国首次实现与境外合作投资水电能源回送国内。1997 年孟加拉国提出了修建缅甸 - 孟加拉国 - 印度天然气管道（The MBI Pipeline），这条天然气管道长 900 千米，造价 10 亿美元，可输送 50 亿立方米的天然气。孟加拉国可以将其在孟加拉湾的 SWE 气田生产的天然气运送至缅甸若开邦，东转进入印度特里普拉邦，再转入孟加拉国的婆罗门巴里亚（Brahmanbaria），穿过孟加拉国，直达杰索尔（Jessore），最终进入印度西孟加拉邦。这一管道可以有效降低运输成本，但从项目提出开始就遇到各种障碍。据媒体报道，尽管缅甸和印度政府表示了浓厚的兴趣，但孟加拉国历届政府没有批准该项目，也未与印缅达成协议。2005 年 1 月，孟加拉国民族主义党（Bangladesh Nationalist Party，BNP）组阁，与缅甸和印度就能源领域的合作签署了谅解备忘录，然而在商讨进一步推进天然气管道建设时，孟加拉国政府提出了扭转印孟贸易不平衡等条件，使得谈判陷入僵局。2006年，印度就从缅甸进口天然气与缅方达成协议。2013年9月29日，孟加拉国与印度的103千米长的高压传输线开始向孟加拉国输送电力；2013年10月5日，从孟加拉国达卡到印度新德里的新电网线正式开通，加快了印孟两国的能源合作。

（4）技术人员培训

2010年8月31日，中国云南省与孟加拉国能源矿产部电力局签署能源合作谅解备忘录，中国云南方面将在太阳能、风能、生物质能等新能源领域与孟方合作，并为其提供技术服务、人员培训的支持。继后，中方派出技术人员及能源官员陆续执行此合作协议。我国还通过各种能源论坛、短期培训班等与孟印缅三国开展新能源技术交流与人才培训合作。

2. 孟印缅三国对能源合作的态度与意愿

孟中印缅四国经济合作是孟中印缅（BCIM）论坛讨论的重要内容。在论坛成立之初，能源合作并没有在讨论的议程之中。2013年2月23日~24日，孟中印缅地区合作论坛第十一次会议在孟加拉国首都达卡召开，会议明确了能源合作是地区合作的重要内容，并将其写进了《孟中印缅地区合作论坛第十一次会议联合声明》，会议上孟加拉国能源与矿产资源部的官员都作为特邀嘉宾出席了会议并参与讨论，强调了四国能源合作的必要性和重要性。四国在讨论能源合作时，都十分关心能源安全，认为这一地区有共同开发自然资源、共同在能源领域投资以及跨境能源贸易的重大机会和机遇，各方可就此开展合作。

总的来看，孟中印缅经济走廊建设中加强四国能源合作能够促进各国的经济发展。所有区域一体化进程的建立与发展的首要条件就是要拥有良好的基础设施，而四国能源合作的重要意义就在于有效地促进该地区的基础设施建设和资源优化配置。对于印度来说，为了发展其国内较为落后的东北部地区，首先要利用该地区丰富的能源资源禀赋推动当地经济发展，提升参与次区域合作的程度。对于孟加拉国和缅甸来说，如果能够同时与中国和印度开展能源合作，将最好地利用中国和印度这两个东亚与南亚地区最大的经济体，也将使自身的经济得到空前的发展机会。

然而，孟、印、缅三国也有不同的考量。中印两国目前因为经济持续高速增长都是能源消耗大国，在化石能源领域，中印两国存在比较激烈的竞争。中国煤炭储量丰富，油气资源储量不足，1993 年起就已经成为石油净进口国，石油对外依存度不断提高，进口数量也不断攀升。印度方面，尽管煤炭资源丰富，但油气资源同样匮乏，而且煤炭资源质量不高、开采技术落后，难以满足国内工业发展的要求。因此，缅甸和孟加拉国都是中印两国油气资源的合作对象。在具体的油气资源勘探和开发过程中，中印两国在孟加拉国和缅甸难免出现一定程度的竞争与分歧，致使孟中印缅能源合作的效率受损。

3. 孟、印、缅与区域外国家及国际组织的能源合作

（1）孟、印、缅与区域外国家的能源合作

与孟、印、缅积极开展能源合作的主要域外国家有美国、俄罗斯、欧盟国家、日本、南亚其他国家和东盟国家等。

2009 年美国就表示有兴趣与孟加拉国开展电力合作。美国与印度的能源对话已进入第 8 个年头，其宗旨是通过公营和私营部门的共同努力，加大印美双边能源贸易和投资。双方在天然气与石油、煤炭、电力、新技术与可再生能源、民用核能和能源效率领域的交流正深入发展。美国加利福尼亚州西格尼特太阳能（Signet Solar）公司在未来 10 年将投资 20 亿美元（首期投资 1.5 亿美元）在印度建立三个太阳能光伏电池生产厂，并投入使每个厂年产 300 兆瓦的太阳能发电设备。

俄罗斯作为世界第二大能源生产国，与印度在能源领域互补性较强。两国正在共同努力，在民用核能、石油和天然气领域进行大规模合作。2011 年 11 月，孟加拉与俄罗斯核电厂建设协议通过孟加拉国内阁委员会批准，这是南亚首个核电厂，位于布巴纳区 Rooppur，产电能力约为 2000 兆瓦。俄罗斯

国家核能公司（Rosatom）将协助该核电厂的建设，并提供发电燃料。

在开发清洁能源方面，《印度－欧盟建立战略伙伴关系的宣言》中阐明，双方将继续加强在能源部门的合作，开发效率更高、更为清洁的能源链。印度热电公司准备与ABB①合资，在未来10年生产1000兆瓦的风力发电设备。印度苏斯兰公司在德国汉堡收购德资新能源企业。2012年3月，英国能源和气候变化部与孟加拉国签署了一项谅解备忘录，两国将合作开发可再生能源项目。

印度与日本在关于建立战略全球伙伴关系的联合声明中称：促进日本企业对印度电力部门的参与；印、日将在深海钻探科学领域进行合作；推动双方在洁净煤和生物质能领域的合作。2013年8月18日~19日第一次孟加拉国、印度、不丹次区域合作会议在达卡举行。这次会议的主要议题之一便是加强各成员国在水资源和电力方面的合作，共享区域河流，合理开发利用水电。

缅甸长期向泰国出售天然气。1992年，缅甸与泰国签署莫德玛金海区N-5和N-6区块天然气勘探开采产品分成协议，规定耶德那天然气出售给泰国。根据缅泰签署的相关协

---

① ABB（Asea Brown Boveri），是一家瑞士－瑞典的跨国公司，专长于重电机、能源、自动化等领域。在全球100多个国家设有分公司或办事处。

议，缅甸从 1998 年开始向泰国出售天然气，年限为 30 年。

（2）孟、印、缅与国际组织的能源合作

与孟、印、缅积极开展能源合作的主要国际组织有南亚区域合作联盟、亚洲开发银行、世界银行等。

南亚国家联盟一直致力于推动能源合作，尤其是新能源与可再生能源、农村能源等方面的合作。其中农村可再生能源合作机制已经运行多年，一直致力于在南亚国家农村推广使用小水电、户用太阳能等。亚洲开发银行、世界银行等国际组织均与孟加拉国在电力领域、与印度和缅甸在油气勘探开发领域开展了不同形式的合作。2013 年 4 月 3 日，孟加拉国政府与亚洲开发银行签订协议，亚洲开发银行将为孟加拉国提供 1.85 亿美元的贷款用以改善该国的电力供应系统。2013 年 10 月 23 日亚洲开发银行又与孟加拉国政府签订一份 1200 万美元的融资合同，用于印度与孟加拉国跨边界的电网修建。亚洲开发银行（ADB）宣称，其将为印度拉贾斯坦邦信实电力有限公司开发的 40 兆瓦太阳能光伏项目提供 4800 万美元的长期贷款。

作为 GMS 合作组织成员国，缅甸积极参与其中的能源合作。该合作机制确定的能源领域合作目标主要有四个方面：促进地区内电力贸易的发展，充分开发和利用区域内潜在的能源资源；通过对电力输送线路的改造和建设，促进地区内电力网络的形成；推动私营部门在区域内电力部门的投资；加强再生能源、替代能源、能源利用率和确保能源安全的合作。① 为此，中国、缅甸、泰国、柬埔寨、老挝和越南六国签署了《次区域能源合作路线图》、《政府间电力联网与贸易协定》和《大湄公河次区域政府间电力贸易运营协定》，重点加强区域电力联网和电力贸易。按照规划，实现区域联网后，水电丰富的缅甸将向中国和泰国送电。

2002 年 7 月 5 日，缅甸与其他东盟成员国在印尼巴厘岛签订了《泛东盟天然气管道谅解备忘录》。备忘录指出，建设泛东盟天然气管道有助于确保区域能源安全；成员国应该为泛东盟天然气管道项目的实施开展全面合作；为实现区域内天然气生产、使用、运输、市场和销售单独或联合展开研究；同时还就天然气管道可能涉及的跨境问题做出了一系列安排②。2007 年 8 月，东盟成员国又签署了《东盟电网谅解备忘录》，计划形成连接整个东盟的电力网络。

（四）云南与孟、印、缅三国的能源合作基础

1. 云南的能源资源概况

云南能源资源丰富，除了煤炭资源外，还有非常丰富的可

---

① ADB, *ADB's Midterm Review of the Strategic Framework of the Greater Mekong Subregion*, p. 19, http：//www. adb. org/gms.

② *The ASEAN Memorandum of Understanding（MoU）on the Trans – ASEAN Gas Pipeline（TAGP）*, http：//www. asean. org/6578. htm.

再生能源资源，如水能、太阳能、生物质能和风能等。

（1）煤炭资源

云南煤炭资源丰富，煤类齐全。云南省已探明煤炭资源总量 253 亿吨，保有储量 246 亿吨，预测资源总量约为 691 亿吨。在保有储量中，褐煤 153.26 亿吨，占 62%；无烟煤 51.91 亿吨，占 21%；烟煤 41.32 亿吨，占 17%，其他分类不明的 1.10 亿吨，占保有储量的 0.4%。从空间分布来看，全省 129 个县（市、区）中有 115 个境内有煤炭资源。大部分位于滇东的昭通、曲靖及南部的红河州。[①] 云南省煤炭资源分布地地质构造复杂，矿区规模小，大部分不具备建设大型煤矿的条件。目前煤炭开采基本用于满足自身需求，没有大规模出口的条件。

（2）水能资源

云南省内共有河流 600 多条，特殊的地理条件造就的高落差使得云南水能资源极为丰富。全省水能资源理论蕴藏量为 10437 万千瓦，占全国总蕴藏量的 15.3%，仅次于西藏、四川，居全国第 3 位。全省经济可开发装机容量为 9795 万千瓦，年发电量为 3944.5 亿度，占全国可开发装机容量的 20.5%，居全国第 2 位[②]。在空间分布上，云南省的水能资

---

① 《煤炭资源》，云南省人民政府门户网站，2012 年 11 月 28 日，http://www.yn.gov.cn/yn_tzyn/yn_tzhj/201211/t20121128_8647.html。

② 《水和水能资源》，云南省人民政府门户网站，2013 年 2 月 20 日，http://www.yn.gov.cn/yn_yngk/yn_sqgm/yn_zrzy/201302/t20130220_9739.html。

源主要分布于金沙江、澜沧江、怒江、元江、南盘江和伊洛瓦底江等六大水系，其中金沙江、澜沧江、怒江三个水系在云南省境内河段可开发装机容量占全省可开发装机总容量的92%以上。

云南水能资源的开发具有自身的特点：干流开发价值大于支流；可开发的大型和特大型水电站比例高；水能资源分布比较集中，开发目标单一，开发方式选择性强；可开发的水能资源工程量相对较小，水库淹没损失少，技术经济指标优越；水能资源大都集中在高山深谷，交通不便，运输困难，建设电站和架设输电线路需要巨额资金投入。

（3）太阳能

由于云南地处高原地区，太阳辐射强，年均总辐射量大于5500焦兆，总资源量相当于555.88亿吨标准煤；日照时间长，全省年日照时数在1000到2800小时之间，年太阳总辐射量每平方厘米在90到150千卡之间。特殊的地理条件造就了云南丰富的太阳能资源。

丰富的太阳能资源为云南对太阳能开发利用的研究提供了便利。云南不仅加强了对太阳能资源开发利用技术的研究，在太阳能发电、太阳能热能利用方面取得了重大突破，还高度重视产学研的结合，培育了一批太阳能产业重点企业，取得了很大的成就。

（4）生物质能和风能

云南素有植物王国之称，生物质能资源十分丰富。全省可利用的主要的农作物秸秆资源每年有 750 万吨，林业废气等生物质能资源总量每年有 2000 万吨。据统计，云南生物质能发电项目投产 0.06 万千瓦，目前还有一些潜在的项目在开展前期工作。

云南省风能资源丰富，具有风水互补性强、靠近负荷中心、电网接入条件好等优势，近年来风电产业异军突起。据统计，云南风电、风能源重组总储量有 1.2 亿千瓦，可利用的占全国总量的 11.5%，经济开发量超过 3000 万千瓦左右，目前云南大理风电场、陆良杨梅山风电场等一批风电场投产发电，还有一批风电场在建，规划到 2020 年建成约 40 个风电场。

2. 云南与孟、印、缅三国能源合作情况

在与孟、印、缅能源合作方面，云南与孟加拉国和印度的能源合作大部分还处于倡议阶段，但与缅甸的能源合作已经取得了一定的成绩。

1988 年缅甸新军人政权上台以来，中缅关系迅速发展。两国政治关系不断深化，在经济领域开展了全方位的合作，其中能源合作目前已经成为中缅全方位合作的重要领域。在中缅互联互通背景下，云南在中缅能源合作中扮演了重要的角色。

缅甸天然气资源丰富；云南电力资源丰富、太阳能和风能利用技术相对成熟。此外，缅甸连接两亚、沟通中印的战略位置使得缅甸成为中国走向印度洋的最便捷陆上通道，对中国能源运输通道安全意义重大。因此缅甸和云南在能源合作方面具有极强的互补性，云南发挥了自身的地缘优势，在中缅能源合作中充当先锋，与缅甸在油气资源、电力开发等领域开展了卓有成效的合作。

（1）云南与缅甸在油气资源方面的合作

2004 年，云南学者提出了修建中缅油气管道的倡议。经过谈判和沟通，2009 年 3 月，中国与缅甸签署了《关于建设中缅原油和天然气管道的政府协议》，计划建设从缅甸实兑港到云南昆明的油气管道。中缅原油管道缅甸境外段 770 千米，天然气管道境外段 790 千米，原油管道和天然气管道均起于缅甸西海岸的皎漂市，从云南瑞丽 58 号界碑进入我国境内。中缅原油管道设计年输量 2200 万吨，天然气管道年输天然气 120 亿立方米。2010 年 6 月，中缅油气管道正式开工建设，中缅双方经过 3 年的努力，克服各种困难于 2013 年 5 月完成了天然气管道的建设，并于 2013 年 10 月投入运营。中缅原油管道于 2013 年底全线贯通，并于 2015 年 1 月投入使用。截至 2016 年 8 月 10 日，中缅天然气管道（境外段）安全平稳运行 1122 天，向国内输气 105.708 亿立方米，为缅甸下载天然气 9.92 亿立方米①，为中缅两国天然气需求提供了有效供给。云南作为中缅油气管道的重要参与方，成为直接的受益者。随着天然气管道的正式运营，云南结束了没有管道天然气的历史，能源结构得到进一步完善，降低了对煤炭的依赖。

（2）云南与缅甸在电力、太阳能开发等领域的合作

电力合作是云南和缅甸能源合作的重要组成部分。云南通过提供技术、资金和设备帮助缅甸开发水电资源。云南省紧邻缅甸，而且缅甸的多条河流处于云南河流的下游，水能资源丰富。近年来，随着大湄公河次区域电力合作的加强，云南省电力企业纷纷寻求与缅甸合作开发缅甸境内的水电资源。华能澜沧江水电有限公司、中电投云南国际电力投资有限公司、云南机械设备进出口有限公司等先后参与了缅甸水能电力资源的开发并取得了巨大的成功。随着水电开发合作的推进，云南还在推进与缅甸开展电网互联互通的合作，并于 2008 年 12 月和 2010 年 8 月先后开始从缅甸瑞丽江一级水电站和太平江一级水电站回购电力。2016 年 3 月 9 日，云南省能源投资集团有限公司全资子公司云南能投对外能源开发有限公司与缅甸电力部签署协议，将共同开发建设诺昌卡河水电项目中的古浪、同心

---

① 《管道局东南亚管道公司完成中缅油气管道（境外段）水保治理项目》，中国管道商务网，2016 年 8 月 17 日，http://www.chinapipe.net/national/2016/29561.html。

桥两个水电站，总投资超过 7 亿美元。这是云南省属企业"走出去"最大的境外能源投资项目，该工程已经被中缅两国政府筛选为中缅电力合作首期开工的"示范项目"①。云南在"十三五"发展规划中提出，继续打造跨区域电力交换枢纽，加快与周边、临近国家的跨区域电力联网，依托大湄公河次要的电力资源，建设中国面向南亚、东南亚的电力交易中心；依托中缅油气管道，建成国家西南国际经济合作圈油气国际大通道。②

缅甸和云南一样，太阳能资源丰富，但是其开发技术落后，而云南是中国太阳能利用技术开发与推广应用起步较早的地区，曾创造"研发能力、技术水平、规模和应用"四项第一的光荣业绩，建成亚洲最大的太阳能光伏并网电站。但近年来，云南省太阳能产业产能过剩，部分企业和生产线已经停产。云南省的能源规划已经提出将发展太阳能等"新兴能源示范基地"；云南省政府提出要大力推进太阳能光伏、风能开发利用，做强太阳能光热利用产业，并以东南亚为目标市场，积极开展与缅甸等国在太阳能开发方面的合作。目前，云南与缅甸在太阳能开发领域的合作已经初见成效。专门从事太阳能开发的云南聚诚科技有限公司对缅甸等东

---

① 吴清泉、吕辉：《云南"走出去"最大能源项目落地缅甸》，《中国能源报》2016 年 3 月 14 日，第 11 版。

② 参见《云南省国民经济和社会发展第十三个五年规划纲要》，2016 年 5 月。

盟国家出口太阳能路灯、太阳能抽水机设备，取得了巨大的成效，该公司 2013 年的销售收入有 2/5 左右来自缅甸等东南亚国家①。

二　云南参与孟中印缅经济走廊建设能源合作的有利条件、制约因素和潜在风险

中央对周边外交的高度重视是我国向西开放、强化孟中印缅合作的后盾。在构建孟中印缅经济走廊、新丝绸之路经济带等倡议的背景下，云南作为参与经济走廊和新丝绸之路经济带建设的重要省份，在与孟加拉国、印度和缅甸之间的能源合作中有着较好的基础和不可替代的优势，但依旧面临一些不利条件和潜在风险。

（一）有利条件

1. 云南在水电和新能源的开发、利用方面具有优势

如上文所述，云南省不仅水能资源、太阳能资源、风能和生物质能资源丰富，而且在对这些可再生能源资源的开发利用

① 《云南太阳能产业弃欧"下南洋" 市场前景备受青睐》，云南省能源投资集团有限公司官方网站，2014 年 1 月 17 日，http://www.cnyeig.com/information/5934.whtml。

方面比孟、印、缅要先进。从进入 21 世纪开始，云南省就制定了新的能源发展战略，加强了水能、太阳能、风能、生物质能等一系列可再生能源的开发并取得了积极的成效，已经成为全国水电装机第二、清洁能源西电东送第一、电力贸易全国第一的省份，也是全国首批低碳试点地区之一。随着可再生能源资源产量的突破，云南省本身的能源消费结构得到了巨大的改善，早在"十一五"期间，云南省以水电为主的可再生能源消费比重就已经超过国家 2020 年可再生能源的发展战略目标。

正因为云南在可再生能源开发方面具有的优势，在 2011 年 5 月出台的《国务院关于支持云南省加快建设面向西南开放重要桥头堡的意见》明确提出了"加快外接东南亚、南亚，内连西南及东中部腹地的能源管网建设，把云南打造成为我国重要的清洁能源基地、新兴石油化工基地、跨区域电力交换枢纽"的战略定位，以及"到 2015 年能源基础设施建设取得新进展，到 2020 年基本建成连接国内外的管道、电网，形成能源通道"的发展目标。目前，云南省在水能、太阳能、高原风能等新能源开发的技术方面已经处于全国领先水平。因此，在孟中印缅经济走廊能源合作中，云南能够发挥自己的优势，依托我国的资金和自身的技术与孟、印、缅三国就太阳能、水能、风能和生物质能的开发展开卓有成效的合作。

2. 推进能源合作已经得到中印两国的高度重视

中国和印度是孟中印缅经济走廊建设的事实领导者，能够为经济走廊建设提供最为广泛的公共产品。因此，中印两国的态度对于孟中印缅经济走廊能源合作的推进至关重要。能源合作作为孟中印缅四国经济合作的重要组成部分，在经济走廊建设背景下已经得到了中印两国的重视。中印两国在2013年5月签署的《联合声明》中专门提及了两国的能源合作，双方表示要在新能源、可再生能源、清洁能源、民用核能等领域开展合作。2013年10月印度前总理辛格访华时，我国能源局与印度能源部专门签署了中国在印度设立"中国能源设备服务中心"谅解备忘录，指出两国要在中印战略经济对话机制下积极开展能源合作①。中印两国的态度将会对孟加拉国和缅甸参与经济走廊能源合作形成一定的动力，为云南参与孟中印缅经济走廊能源合作奠定了坚实的政治基础。

3. 孟中印缅能源的互补性奠定了合作的基础

孟中印缅在能源领域的互补性是四国开展能源合作的前

---

① "MOU Between Ministry of Power, Government of the Republic of India and the National Energy Administration, Government of the People's Republic of China on Setting up Chinese Power Equipment Service Centres in India", http://pmindia, nic, in/press - detail. php? nodeid = 1735.

提。在能源资源禀赋方面，孟中印缅四国各具优势。缅甸和孟加拉国天然气资源丰富；中缅两国水能资源丰富；中印两国煤炭储量丰富。在能源资源勘探开采、新能源开发利用方面，孟、缅缺乏资金和技术。缅甸和孟加拉国对能源资源勘探和开发的投入有限，离不开外国先进技术和资金的支持，而中印两国在这方面都具有比较优势。在能源使用方面，印度、缅甸和孟加拉国都是电力极度缺乏的国家，但中国在电力方面占有绝对的优势。因此，孟中印缅四国加强能源合作有利于相互之间发挥比较优势，使四国在能源开发利用方面实现优势互补。具体来说，缅甸和孟加拉国可以通过孟中印缅能源合作机制加强对国内天然气资源的开发和利用并向中印出口；而中印可以通过向缅甸和孟加拉国提供资金和先进技术参与缅孟两国的能源产业开发，推动四国在可再生能源资源领域的合作。同时，随着四国间能源互联互通和基础设施的建设，中国可以在电力供应方面给予缅甸、孟加拉国和印度支持。

总之，孟中印缅在能源领域的互补性是四国开展能源合作的基础。在经济走廊建设的大背景下，孟中印缅对相互之间在能源领域合作意义的认识将会越来越明晰，也会对自己在能源领域合作的优劣势进行进一步的评估，继而会积极参与到能源合作机制中，实现共赢。云南省作为孟中印缅经济走廊主要的参与省份，在水电、太阳能、风能等新型能源领域的开发方面都具有优势，能够为孟、印、缅三国新型能源的开发利用提供技术支持。此外，云南省天然气资源贫乏，缅甸和孟加拉国能够为云南提供天然气供应，改善云南的能源消费结构。目前已经运营的中缅天然气管道就已经在云南的能源消费结构改善中发挥了积极作用。

4. 孟中印缅能源合作已经具备一定的基础

早在 20 世纪 90 年代，孟中印缅就已经开始探讨能源合作。1994 年，中国和孟加拉国就签署协议开采孟加拉国的煤炭资源。2004 年缅甸与印度签署了能源合作协议。2005 年 4 月，中孟两国签署了和平利用核能的合作文件。2005 年孟、印、缅三国能源部部长发表联合声明，同意加强相互之间的能源合作；孟、印、缅三国还曾就孟、印、缅三国输气管道项目进行过谈判。中印之间的能源合作项目也非常多。2005 年，中印在两国联合声明中表示要加强在能源领域的合作，鼓励两国有关部门和单位在第三国协作勘探和开采油气资源。2006 年 1 月，中印两国又签署了《加强石油与天然气合作备忘录》，就加强两国能源合作和避免恶性竞争达成多项共识。此外，中印两国在电力领域的合作也成效显著，印度国内电力设备相当多地使用中国产品。

到目前为止，在孟中印缅能源合作项目中，最为成功的要数中缅能源合作。中缅能源合作涉及领域广泛，两国在水利水电开发、电力互联互通、油气资源管道互联互通方面都

开展了卓有成效的合作。其中中缅油气管道的建设,是中缅
能源成功合作的范例。云南作为与缅甸直接接壤的省份,在
中缅能源合作中扮演了重要的角色。不论是中缅水电资源开
发、电力互联互通,还是中缅油气管道建设,云南省都是最
为重要的参与者。因此孟中印缅四国已有的能源合作基础为
四国在经济走廊建设框架下进一步深化能源合作奠定了坚定
基础。

(二) 制约因素

尽管孟中印缅能源合作已经具有一定的基础,也具备诸多
有利的条件,但在具体的推进过程中,也面临一些制约因素和
潜在风险。

1. 中印两国间政治互信有待加强

印度对中国的和平崛起战略、向西开放战略、印度洋战略
和桥头堡战略存在不同程度的疑虑,因此,印度对中国的快速
崛起非常敏感,不乏失落与惊恐之心态,故常有防范之心和制
衡之意①。香港《南华早报》2013 年 10 月 22 日在强调影响中
印关系的民间因素时说道:"印度人羡慕北方邻国的经济奇迹

---

① 陈恒:《中国和印度能源合作》,载陈岳、许勤华主编《中国能源国际合作
报告 (2009)》,时事出版社,2010,第 223 ~ 224 页。

却担心其意图"。中印两国间政治互信不足必然会对孟中印缅四国开展能源合作产生消极的影响。如在中印两国电力合作领域，中国电力设备物美价廉，在印度市场占有一席之地，在印度电力行业发挥重要作用，但其也引起了印度的顾虑：一方面，印度国内急缺质优价廉的电力设备，中国企业是最好的选择；另一方面，印度又不想在如此重要的能源产业上过度依赖中国。

2. 孟中印缅相互之间在部分能源领域存在一定程度的竞争

尽管在能源资源禀赋、能源开采利用技术方面，孟中印缅各具优势，但不可否认的是四国之间，尤其是中印两国之间在能源消耗、能源进口方面存在一定程度的竞争关系。中印两国目前因为经济持续高速增长都是能源消耗大国，在化石能源领域存在比较激烈的竞争。中国煤炭储量丰富，油气资源储量不足，1993 年起就已经成为石油净进口国，石油对外依存度不断提高，进口数量不断攀升。印度方面，尽管煤炭资源丰富，但油气资源同样匮乏，而且煤炭资源质量不高、开采技术落后，难以满足国内工业发展的要求[1]。因此，油气资源富足的缅甸和孟加拉国都是中印两国的合作对象。在

---

① 陈恒：《中国和印度能源合作》，载陈岳、许勤华主编《中国能源国际合作报告（2009）》，时事出版社，2010，第 223～224 页。

具体的油气资源勘探和开发过程中，中印两国在孟加拉国和缅甸难免出现一定程度的竞争，致使孟中印缅能源合作的效率受损。

3. 缺乏有效的合作机制和政策性激励措施

目前，孟中印缅经济走廊能源合作还缺乏有效的合作机制和政策性激励措施，导致孟中印缅四国重点能源企业缺乏参与能源合作的动力和积极性。首先，孟中印缅经济走廊能源合作缺乏类似"中巴经济走廊能源工作组"的机制就有关能源合作的问题进行沟通协商。其次，尽管中国近年来在周边国家开展了多个跨境贸易人民币结算试点，但该业务目前还没有扩展到能源贸易领域，人民币还没有成为"能源人民币"。缺乏便利的能源跨境贸易结算一定程度上将阻碍孟中印缅经济走廊能源合作的推进。最后，缺乏相关的激励性措施激励四国重点能源企业参与孟中印缅经济走廊能源合作。在孟中印缅能源合作中，重点项目的开展和推进将是重点，具体项目的开展离不开人员、货物、车辆的通关。能源合作项目下通关便利化激励性措施的缺失将会对孟中印缅经济走廊建设构成障碍，会使相关企业缺乏动力。

4. 域外大国的竞争和国际非政府组织的干扰

近年来，域外大国美国和俄罗斯与印度、孟加拉国在能源领域的合作一直是国际社会关注的焦点。美国和俄罗斯与印度之间的能源合作主要涉及民用核能领域的合作。在两国建立了全球伙伴关系的背景下，2006 年 3 月，美印双方就印度核设施分离计划达成协议，同年 12 月，美国国会通过印美民用核能合作法案。2008 年 9 月，印度前总理辛格访美，印美双方发表联合声明同意开展民用核能合作。在核供应国集团取消对印度的核出口限制后，美众议院批准《印美核协议》；同年 10 月，《印美核协议》正式生效。

早在 2000 年，俄罗斯和印度就建立了战略伙伴关系，两国在民用核能领域的合作是俄罗斯与印度合作的重要内容。2001 年，俄罗斯就准备向印度提供核燃料。2006 年 3 月俄罗斯就宣布将向印度塔拉普尔反应堆提供 60 吨核燃料。此外，俄罗斯与孟加拉国近年来在能源领域的合作成效也非常突出。俄罗斯在天然气勘探与开发、核电站的建设等方面都给予了孟加拉国极大的支持和帮助。

域外大国美国和俄罗斯与印度、孟加拉国之间的能源合作一定程度上与孟中印缅经济走廊能源合作形成了竞争。尤其是它们之间在核能领域的合作会对孟中印缅经济走廊能源合作的成效和对印度等国的积极性构成不利影响。

国际非政府组织也曾对孟中印缅经济走廊能源合作进行干扰。近年来，缅甸境内活跃着大量的国际非政府组织，他们在西方国家的支持下向向往西方的缅甸人灌输民主、人权、环保、民生等理念。由于能源合作一般涉及资源、环境等问题，国际非政府组织一方面对中国与缅甸的能源合作项目进行指责和批评，他们认为"中缅管道将经过缅甸许多村庄，引发强制拆迁、环境破坏及人权侵犯"。① 以泰国为基地的瑞天然气运动组织除了到中国驻清迈领事馆前对中缅油气管道的建设进行抗议外，还致信缅甸前总统吴登盛，称"中缅油气管道将对缅甸的经济、环境造成严重的负面影响"，"缅甸政府应该停止中缅油气管道的建设确保缅甸国家经济的可持续发展"。② 另一方面，他们还通过煽动和支持部分缅甸人对中缅能源合作项目进行抗议示威。密松水电站正是在这样的背景下被宣布搁置。

在有西方背景 NGO 的鼓动和支持下，目前很多缅甸人（包括部分学者、官员和少数民族上层）不太懂得发展中国家在经济起飞阶段就是需要用资源（包括廉价的劳动力）换取资金和技术，用非常极端的理想主义眼光看待外来投资，一味地要求所有外来投资项目对环境不能有任何的破坏、绝大部分

① The Burma – China Pipelines: Human Rights Violations, Applicable Law, and Revenue Secrecy, Earthrights International, Situation Briefer No. 1, March 2011, http://www.earthrights.org/sites/default/files/documents/the-burma-china-pipelines.pdf.

② China – Burma Pipeline Faces Local and International Opposition, http://www.ooskanews.com/international-water-weekly/china-burma-pipeline-faces-local-and-international-opposition_21616, 14 Mar., 2012.

的好处要给当地老百姓，根本不考虑这些外来投资项目对整个国家经济发展的促进作用以及外来投资企业能否赢利。国际非政府组织的破坏和部分缅甸人的极端思维将不利于孟中印缅经济走廊能源合作的持续推进。

5. 密松水电站的搁置打击了中国企业参与孟中印缅经济走廊能源合作的信心

2011 年 9 月 30 日，缅甸新政府在没有与中国政府和中国电力投资集团公司（以下简称"CPI"或中电投）事先沟通的情况下以担心密松水电站项目可能会破坏密松的自然景观、破坏当地人民的生计、破坏民间资本栽培的橡胶种植园和庄稼，气候变化造成的大坝坍塌也会损害电站附近和下游居民的生计等理由宣布搁置密松水电站的建设。密松水电站是中电投与缅甸第一电力部和缅甸亚洲世界公司在缅甸克钦邦合作开发的七个梯级电站之一。其他六个电站分别为耶南水电站、广朗普水电站、匹撒水电站、乌托水电站、其培水电站和腊撒水电站，密松水电站是这一系列梯级电站中最关键的电站。中方已取得缅甸伊洛瓦底江上游 7 个梯级电站的合作开发权，缅方占有10% 的干股，建成未移交缅方之前，每年还必须为缅甸提供15% 的免费电量。工程项目总装机容量 2500 万千瓦，建设周期 15 年，由中方 BOT 运行 50 年后无偿交还给缅甸，特许经营期间，缅甸政府通过股权分利、免费电量和税收等方式获利。

密松水电站是中国和缅甸水电合作开发的标志性工程，中国企业投入了巨大的人力、物力和财力。缅甸政府对密松水电站的单方面搁置给中国造成了巨额的经济损失。

密松水电站搁置事件已经成为中国企业走出去遭遇挫折的标志性事件，对中国企业参与孟中印缅经济走廊能源合作的信心造成了打击。据缅甸方面统计，截至 2013 年 3 月 31日，中国企业在前一年中对缅甸的投资仅为 4.07 亿美元，仅占缅甸外商投资总量的 29%，与此前两年的投资额分别为43.5 亿美元和 82.7 亿美元形成了鲜明的对比。[①] 而近年来中国企业和商人在缅甸投资的项目大部分集中于能源领域，其中以电力行业最多。因此，密松水电站的搁置有可能使得中国企业在参与孟中印缅经济走廊能源合作时非常谨慎甚至持消极态度。

（三）潜在风险

1. 商业风险

企业到东道国投资会面临一定的商业风险。不论是由国际市场价格、汇率、利率变化引起的，还是由东道国外资法

---

① 《缅甸中资额度急剧下降国际资本顺势涌入》，《国际财经时报》2013 年 6月 9 日。

规、政策的调整导致的商业风险，其处理和解决都比国内更加复杂和困难。2013 年以来，东南亚、南亚国家都出现资金外流、通胀等问题，导致经济增长率低于预期。尤其是印度近两年的经济遇到了巨大的困难，外贸逆差不断恶化，卢比贬值，经常账户危机接近历史最差，被警告可能成为金砖国家中的第一个"坠落天使"。在缅甸方面，尽管它是一个新兴市场，正在全方位推进改革，但依然存在法律透明度不够、贪污回扣、土地权争议、金融系统不健全等现象。孟加拉国尽管拥有"南亚最自由的外国投资体制"，但其政策执行力有待提高，投资经营环境提升的空间还很大。① 因此，中国在参与孟中印缅经济走廊能源合作时很难完全排除孟、印、缅三国市场变动和政策瓶颈引发的商业风险。

2. 缅甸和孟加拉国对本国能源开发比较敏感

在能源安全备受关注的时代背景下，缅甸和孟加拉国近年来对本国能源资源的开发较为敏感。部分人认为本国政府应该牢牢掌控国家能源资源，不让外国资本榨取本国能源资源并从中获得高额利润且继而威胁到本国的能源安全。尤其是在某些国际非政府组织的煽动、挑拨下，外来投资者在缅甸、孟加拉

---

① 《孟加拉国利用 FDI 现状、目标及我在孟投资机会与风险分析》，中国驻孟加拉国大使馆经济商务参赞处，http：//bd. mofcom. gov. cn/article/ztdy/200403/20040300201465. shtml。

国等投资能源开发行业面临非常大的压力和风险。如密松水电站的搁置就与缅甸部分民众的反对分不开。他们在西方势力的支持下通过游行示威给政府施加压力，迫使政府搁置该项目。在孟加拉国，"人民联盟"强烈反对国家出口天然气。人民联盟认为孟加拉国是一个非常贫穷的国家，如果国内的天然气不能保证需求而要依靠进口的话，进口天然气的花费对于孟加拉国来说将是非常沉重的经济负担。如果只看眼前的经济利益而盲目出口天然气的话，将会严重威胁到孟加拉国的国家利益。因此目前孟加拉国在合作开发天然气方面态度极为谨慎。

缅甸和孟加拉国对本国能源开发的敏感态度必然会给孟中印缅经济走廊能源合作项目的开展造成压力，甚至导致能源合作项目无法正常开展。

3. 孟、印、缅三国政局变动的风险

从目前来看，缅甸和印度两国的政局存在不同程度的变数，这将对孟中印缅经济走廊能源合作构成潜在的挑战。缅甸2011年新政府上台后在国内改革措施之多、幅度之大，连美国学者和官员都觉得出乎意料，[①] 缅甸的民主化进程在过去6

---

① 李晨阳：《2010年大选之后的中缅关系：挑战与前景》，《和平与发展》2012年第2期，第31页。

年多的时间里取得了重要的成就。缅甸全国民主联盟（以下简称"民盟"）在 2015 年大选中获得压倒性胜利，缅甸实现了首次真正意义上的政党轮替。民盟政府缺乏执政经验，但又面临推动国内民族和解和经济发展等要务，能在何种程度上支持孟中印缅经济走廊能源合作还不得而知。

印度 2014 年大选也改变了其国内政治格局。反对党人民党在选举中胜出，莫迪取代与我国达成孟中印缅经济走廊建设共识的辛格，成为印度总理。莫迪政府对孟中印缅经济走廊建设的积极性并不高。孟中印缅经济走廊联合研究工作组分别于 2013 年 12 月和 2014 年 12 月在中国和孟加拉国召开了第一次和第二次会议，第三次会议原计划于 2015 年底在印度召开，但直到 2017 年 4 月 25 日才在印度加尔各答举行。

孟加拉国的政局也不太平。因为上届政府的任期在 2014 年 1 月结束，而依据惯例，孟加拉国通常在一个由无党派人士组成的看守政府主持下举行大选，但时任孟加拉国政府废除了这一制度。政府的行为引起了反对党联盟的大规模示威游行。反对党联盟认为，没有看守政府的选举难以保证自由和公平，要求人民联盟恢复看守政府制度，否则将抵制 2014 年的选举。

孟、印、缅三国政局变动的风险将会阻碍孟中印缅经济走廊能源合作的推进，如缅甸的民主化进程与资源民族主义和环境民族主义的结合直接导致了密松水电站的搁置。2011 年以来，缅甸政府放松了对缅甸社会的管制，缅甸知识分子、社会活跃分子、国际非政府组织的活动环境变得相对宽松，在美国、英国等西方国家的支持下，一些反坝组织开展游行示威活动给政府施加压力。总之，在孟中印缅经济走廊建设中，各国政局的稳定、政府的支持是能源合作顺利开展的基本保障；但缅甸、印度和孟加拉国政局的不稳定将会成为中国参与孟中印缅经济走廊能源合作的潜在风险。

4. 缅甸、印度的民族和宗教等问题

缅甸和印度两国存在不同程度的民族问题。缅甸共有135 个民族，民族矛盾一直非常尖锐，民族问题非常严重，尤其是民族地方武装（以下简称"民地武"）问题一直是缅甸政府的核心关切问题。吴登盛政府上台后加紧了对"民地武"的改编和武力打击。2010 年 11 月 7 日议会选举后，缅甸政府军就数次对泰缅边境的反政府武装克伦军发动了军事攻击。2015 年以来，缅甸政府军与克钦独立军、果敢同盟军、南掸邦军、德昂军、若开军等多支"民地武"交火。2月 17 日，吴登盛签发 2015/1 号法令，宣布果敢地区进入紧急状态。此后，缅甸政府在果敢地区的军事管制直至 11 月17 日才结束，历时长达 9 个月。在政府军与部分"民地武"交战的同时，"民地武"间的矛盾也日益尖锐。2015年 10 月以来，德昂军与南掸军发生多起冲突。2016 年 1

月 12 日 ~ 16 日，缅甸召开了联邦和平代表大会，但未达成协议。2016 年 8 月，民盟政府组织召开了"21 世纪彬龙会议"，实力最强的佤联军提前离场。缅甸未来的民族和解之路依然漫长。

此外，缅甸西部若开邦自 2012 年以来也数次爆发了佛教徒与穆斯林之间的暴力冲突。印度也是一个民族众多的国家，民族问题一直也是困扰印度政府的重大问题，印度的民族问题集中在东北部、西北部和南部三个地区，包括语言、移民、宗教、领土争端和自治权等问题。地区分布广泛、矛盾积重难返，是印度民族问题的主要特点。其中，东北部是印度民族分离主义重灾区。

印缅的民族和宗教问题必然会对孟中印缅开展和深化能源合作造成不利的影响。如始于缅甸西海岸的若开邦皎漂市、穿越克钦邦的中缅油气管道，难免会受到若开邦不断发生佛教徒与穆斯林的冲突以及至今仍处在内战中的克钦邦的影响；位于克钦邦的伊江水电资源的合作开发，利益分配和民族问题错综复杂，使合作大为受阻。孟中印缅经济走廊能源合作的项目难免会涉及缅甸和印度民族问题多发的地区。和中国接壤的缅北地区和印度东北部地区是两国民族问题最为严重的地方，孟中印缅经济走廊能源合作中管线建设难以避开这些地区。因此，缅印两国存在的不同程度的民族问题将会成为孟中印缅经济走廊能源合作项目推进的潜在风险。

三 推进孟中印缅经济走廊建设能源合作的总体思路

(一) 总体思路

云南参与孟中印缅经济走廊能源建设的总体思路是：充分发挥区域能源互补优势，以现有能源合作为依托，以电力和油气合作为主线，以新能源合作为新动力，以能源建设、服务贸易、装备出口贸易为支撑；着力建设孟中印缅油气走廊、电力走廊和民生用能合作示范区，最终将云南建成跨区域电力交换枢纽，形成四国合作区域油气管网、电网互联互通，区域能源开发和利用水平快速提高，带动民生用能、产业用能的能源走廊体系、合作体系，使能源合作成为整个经济走廊建设的先行先试领域和重要的驱动力。

(二) 基本原则

1. 着眼全局，统筹谋划

既要着眼于孟中印缅整个次区域的能源现状和需求，布局一批具备战略性、全局性和长远性的合作项目，将孟中印缅能源合作发展得更深、更实，又要充分发挥云南的区域优势、资源优势和基础优势，在孟中印缅经济走廊能源合作中积极作为，主动加强与中央政府、相关省区、孟加拉国、印度和缅甸的沟通，动员各方力量积极参与和支持，促成中央政府和孟印缅就重点能源合作项目清单和相关保障机制达成一致，提升云南在我国和辐射西南周边国家次区域的能源地位。

2. 互利共赢，合谋发展

注重加深与孟、印、缅的全面沟通和相互了解，促使孟、印、缅尤其是其政治、经济精英真正认识到与我国开展能源合作对其国家安全与发展的重大战略价值，达成和凝聚共识，加深开展能源合作的意愿。创新合作模式，切实照顾各方利益关切，吸取以往合作的经验教训，更加注重能源可持续开发与生态环境可持续发展相结合，深化务实合作，构建孟中印缅能源安全利益网络，实现孟中印缅能源合作共赢，共同发展。

3. 先易后难，逐步推进

找准切入点，从孟中印缅互补性最强、合作愿望最迫切、容易突破、见效显著的能源领域和项目着手，减少孟中印缅能源合作的风险和失误，提高能源合作的成功率、增强各国参与能源合作的信心。注重总结宣传，形成带动示范效应，促进合作经验不断累积、各国合作愿望日益加强，逐步推进整个孟中印缅次区域能源合作向纵深发展。

4. 双边先启，带动多边

巩固和加强双边合作，减少因政治制度、经济和社会发展程度以及利益诉求等方面的差异给能源合作带来的障碍和摩擦，提高能源合作实效。在双边能源合作不断夯实和深入的基础上，通过发挥双边能源合作的示范效应，带动多边合作的发展。重大区域项目推进时，注重发挥多边参与在力量整合上的优势，降低敏感性，推动整个次区域的能源合作。

5. 注重实效，惠及民生

能源合作要结合各国现状和需求，注重务实合作，避免空泛。把握时机将合作意愿转化为具体合作项目，使合作蓝图从规划走向具体落实。注重把能源合作与造福当地百姓相结合，强调重大合作项目与民生用能合作并重，通过实施能源合作民生工程和项目，赢得民众的广泛支持，使孟中印缅能源合作具备更强的社会基础。

（三）合作目标

1. 总体目标

依托我国向西南开放重要桥头堡建设、孟中印缅经济走廊建设和"一带一路"倡议的实施，实现孟中印缅能源资源、资金和技术的优势互补，共建孟中印缅能源走廊，实现区域内电力联网和油气管道的一体化，提升我国能源安全系数，充分发挥能源合作的启动作用，带动孟中印缅经济走廊建设的推进和深化。

2. 具体目标

（1）带动经济走廊沿线互联互通发展的重要驱动力

以能源合作为孟中印缅经济走廊合作的重要突破口，充分发挥能源合作的启动作用和带动作用，推动各国政府在交通、经贸、文化等领域的对话和互访，促进孟中印缅经济走廊沿线的交通网络化、商品和投资便利化、人员和文化交流不断密切。

（2）孟中印缅经济走廊建设早期收获重点领域

能源合作先试先行，从孟中印缅能源合作的现有基础和能源需求出发，抓紧实施一批成效明显的可行性先导项目，将能源合作打造为孟中印缅经济走廊建设早期收获的重点领域，强化孟中印缅参与经济走廊建设的孟中印缅参与经济走廊建设的合作愿望，提升孟中印缅参与经济走廊建设的孟中印缅参与经济走廊建设的自信。

（3）中国面向东南亚、南亚合作的能源通道

依托区位优势和先期合作基础，以中缅油气管道等大型合作项目为支撑，充分利用优势互补，加快孟中印缅在电网联网、电力互换、油气勘采运销、新能源开发和人才培养等领域

的合作，打造跨区域电力交换枢纽和中国面向东南亚、南亚合作的能源通道。

（4）国际南南能源合作典范

创新合作模式，从战略性、全局性和长远性着手，布局并实施一批长效合作项目，将孟中印缅能源合作发展得更深、更实，与孟加拉国、印度和缅甸精诚合作，共享能源合作带来的政治效益、经济效益和社会效益，共同缔造南南能源合作典范。

3. 实施阶段

（1）重点突破阶段（2016～2020年）

加强与相关方的交流与沟通，提升各方参与能源合作的意愿，改善孟中印缅次区域能源基础设施。通过实施一批先导项目和民生项目，提供示范和带动作用，进一步夯实孟中印缅能源合作的坚实基础，促成四国就区域能源合作布局和规划达成一致并逐步走向落实。在孟加拉国电网尚未覆盖的地区开展户用沼气池和小型生物能电站建设，协助印度在东北部乡村推广微小型广泛发电系统，通过小其培电站向缅甸周边缺电地区低价供应电力，建设民生用能合作示范区。帮助孟、印、缅改善能源基础设施，提高电力覆盖率和能效，加快孟中印缅跨境能源管网建设步伐。

（2）全力推进阶段（2021～2030年）

依托孟中印缅四国能源合作成效渐显和次区域能源投

资、贸易壁垒逐步消除，深入推进涵盖能源勘探、开采、加工、贸易、运输、管网建设、技术交换等领域的全方位能源合作，建成孟中印缅油气走廊、电力走廊和民生用能合作示范区。四国能源安全的相互支撑性和依赖性不断加强，初步形成孟中印缅能源安全利益共同体，能源利用效率和能源安全得到显著改善，逐步形成孟中印缅次区域能源合作"外溢效应"，带动中国与南亚国家的能源合作持续深入推进。能源合作的经济效益和社会效益不断凸显，推动建成孟中印缅经济走廊。

四 云南参与经济走廊建设能源合作的重点领域和项目设想

云南参与孟中印缅经济走廊能源合作，应根据孟、印、缅三国不同能源现状和需求，结合自身优势，确定与各国的能源合作重点领域。采取具有针对性的合作方式，抓紧在油气勘采销运、电网建设、新能源开发等方面实施一批可行性先导项目和能源合作民生工程，为深入推进孟中印缅经济走廊能源合作提供示范和带动作用。布局一批长效合作项目，为提升云南在国家能源战略布局中的地位，为建设面向西南开放重要桥头堡、孟中印缅经济走廊、新丝绸之路经济带和 21 世纪海上丝绸之路提供长久支撑。

（一）重点领域和合作方式

1. 能源基础设施建设

薄弱的能源基础设施已成为孟加拉国和缅甸经济和社会发展的制约。为满足经济和社会发展的需求，两国政府也已将改善能源基础设施纳入了发展规划。同时，改善能源输送通道，构建能源运输网络，有利于孟中印缅的能源网络实现对接，提高区域能源安全。亚行和世行提供的基础设施建设援助尚不能满足两国的资金需求，但为开展能源基础设施建设多边合作提供了很好的机遇。中国（云南）具有资金、技术和优势，可以通过工程承包、技术咨询、能源设备出口等方式参与孟加拉国和缅甸的能源基础设施建设。因此，能源基础设施建设是云南参与孟中印缅能源合作最容易从合作规划走向合作现实的切入点。

（1）电网建设

孟加拉国目前有一半人口未能用上电，日益增长的用电需求已经接近其发电能力的两倍，每年因供电中断问题给孟经济造成的损失约占其国内生产总值（GDP）的 0.5%。[①] 为

---

① 《亚洲开发银行为孟电力系统改造提供专项贷款》，中国驻孟加拉国大使馆经参处，2014 年 3 月 2 日，http：//bd. mofcom. gov. cn/article/jmxw/201403/20140300504050. shtml。

解决电力供应难题，孟加拉国政府致力于发展电力行业、改善国家电网，2015 年将电网覆盖率提升到 68%，力争到 2020 年实现向全国供电。[①] 孟加拉政府计划使用 16 亿美元资金，用于升级电站及改善供电系统、升级孟电网公司的传送线路系统，并改善达卡配电公司和达卡电力供应公司的电力供应网，于 2015 年前再建设 3500 千米的输电线路和 60000 千米的配电线路。[②] 除去国际发展银行提供的资助外，孟加拉国政府至少需要为该项目凑集 1.2 亿美元资金。

缅甸的输电线路不仅建设规模小，而且多是低压线路，远距离送电损耗非常高。鉴于此，电网修改建和电源建设已成为缅甸能源发展的重中之重。对比缅甸 2011 年的输配电网络和未来的输配电网络发展目标可以发现，缅甸西北、北部和东南沿海地区的输配电线路几乎还是空白。为了填补这些空白，缅甸计划建设大量的水电站、电网和变电站，使未来的电力生产、配送能满足国民生活和国家经济发展的需要。缅甸希望通过建设 500 千伏的南北输电动脉和延伸国家电网将富余电力输送到缺乏电力的地方，同时减少电力传输和配

---

① Herath Gunatilake and David Roland - Holst, *Energy Policy Option for Sustaibale Development in Bangladesh*, ADB Economics Working Paper Series, No. 359, November 2013, p. 9.

② 《孟政府计划动用 16 亿美元用于升级电站和供电系统》，中国驻孟加拉国大使馆经商处，2012 年 12 月 2 日，http: //bd. mofcom. gov. cn/article/jmxw/201212/20121208463287. shtml。

送过程中的损耗。为解决无电村庄的用电问题，缅甸计划在
2012~2016年在相关省邦架设500千伏、230千伏、132千
伏及66千伏的电网和修建变电站。此外，拟在克钦邦架设
204条输电线及新建34座变电站，在若开邦架设569条输电
线及建690座变电站，在丹那沙林省架设773条输电线及
724座变电站。① 缅甸要完成全国的输电线路和变电站建设及
改造需要巨额的资金投入。从缅甸目前的发展状况来看，政
府在近几年内根本无法拿出这么多财政预算用于输电线路和变
电站建设，必须依靠外资。云南和包括缅甸在内的周边国家在
电网建设和联网上已经取得了良好的合作成果，这些合作经验
为云南进一步拓宽周边国家电网建设市场积累了丰富的经验。
虽然孟加拉国和缅甸的电网发展计划得到了亚行、伊斯兰发展
银行等国际机构的资助，但完成国家电网建设还有较大资金缺
口。同时，孟加拉国和缅甸的电力技术和电网建设器材的生产
能力也较为落后，需要借助外部力量。因此，云南的电力企业
可以利用自身的资金和技术优势，通过投资参股、承建和产品
出口等方式参与孟加拉国和缅甸电网建设和改造项目，帮助孟
加拉国和缅甸做好电网的维护、改造和扩建工作，促进孟加拉
国和缅甸电网的扩容与升级，改善两国整体电力现状。

① 《缅甸有近5万个乡村未实现供电》，中国驻缅甸大使馆经商处，2012年11月29日，http://mm.mofcom.gov.cn/article/jmxw/201211/20121108459230.shtml。

云南尤其要以大湄公河次区域的电力联网项目为契机，促进电网建设走进缅甸，实现国家电网在缅甸北部，特别是少数民族地区的渗透与布局。同时，云南欲与缅甸扩大电力贸易，电网建设必须先行。云南应以帮助缅甸电网建设为突破口，提前进行电网布局，促进云南与缅甸的电网互联，为双边大规模的电力贸易搭建基础设施平台。

（2）电源建设

缅甸除了水电外，现有用电主要来自国内的 1 座火电厂和 10 座天然气发电厂。由于大多发电厂使用年限较长，设备陈旧又缺乏维护，实际发电量与设计发电量相去甚远。与此同时，随着经济和社会的发展，缅甸的用电量逐年攀升。在仰光举办的 2013 缅甸能源投资峰会上，缅甸水电官员称，至 2030 年缅甸电力需求将增长至 20000 兆瓦。目前的发电能力约 4000 兆瓦。① 缅甸近期的人均电力需求、总年度电力需求和高峰时段的电力需求正在逐年增长。由于电力供应紧张，缅甸政府试图通过提高电价和对超量用电实行惩罚性高价收费来加强人们的节电意识，减少不必要的用电。考虑到缅甸有明显的雨季和旱季，水电发电量很容易受到旱季缺水的限制，缅甸需要对现有的火电厂和天然气发电厂进行修缮，提高火电和天

---

① 《2030 年缅甸电力需求将增长 5 倍》，中国电力新闻网，2013 年 9 月 18 日，http：//www.cpnn.com.cn/sd/gj/201309/t20130918_ 612255.html。

然气产电量，以弥补旱季的水电不足。

　　缅甸政府已经开始采取积极的应对措施，拟通过兴建燃煤、天然气发电厂和小型水电站满足不断攀升的电力需求，计划在仰光、实皆和伊洛瓦底三省兴建四座装机容量依次为1000 兆瓦、600 兆瓦、450～500 兆瓦和 50 兆瓦的燃煤火力发电站。① 政府许可这些电站由国内外公司合资兴建。此外，世行也同意向缅甸提供还贷期为 40 年的 2.6 亿美元无息贷款，其中部分资金将用于能源部 120 兆瓦天然气发电厂（德通）项目建设。② 同时，缅甸政府还计划在电网没有覆盖的乡村兴建小水电站。

　　电源建设的周期较长，需要大量的前期投入，建设、运转和维护对技术都具有较高的要求。国际开发银行的贷款仅是杯水车薪，缅甸目前的财政收入和技术水平很难确保新的电源建设如期完成和高效运转。因此，中国（云南）利用资金和技术优势参与缅甸电源建设完全符合缅甸电力发展和规划需求，同时还可以为将来扩大双边电力贸易规模提供更多的电力来源。

―――――――――

① 参见《缅甸四省将兴建燃煤火力发电站》，中国驻缅甸大使馆经商处，2013年 6 月 19 日，http：//mm. mofcom. gov. cn/article/jmxw/201306/201306001677 76. shtml。

② 《世行将向缅甸提供 2.6 亿美元无息贷款》，缅甸《七日新闻》2013 年 8 月 28 日。

2. 常规能源开发与贸易

孟中印缅的能源需求增长及能源资源分布不均，客观上要求四国加大在能源资源开发和贸易上的合作力度。鉴于缅甸水电和油气资源丰富，而中国和印度是能源消费大国，中国（云南）可积极参与缅甸的水电和油气开发，扩大和缅甸的水电和油气贸易。与印度共同开发缅甸钦敦江水电，在合理、高效利用缅甸常规能源的同时满足中印能源进口的部分需求，实现合作多赢。

（1）缅甸水电开发和中缅水电贸易

缅甸的资金、技术能力只能修建1.8万千瓦以下的小水电站，中大型的水电站都需要周边国家协同开发建设，电力行业多年来稳居缅甸吸引外国投资的第一大领域。虽然密松水电站的搁置给中缅水电合作沉重一击，但鉴于缅甸水能资源丰富，开发利用率很低，且中缅签署了大量水电开发项目，水电开发和贸易仍将是云南和缅甸能源合作的重点。

水电开发方面，云南主要需要保障已签署的水电项目顺利施工，加强与缅方的沟通，确保项目建设不因缅甸国内政治改革而受到阻挠。在此基础上，云南可根据缅甸水电发展规划，利用技术和资金优势以多种方式参与缅甸新的水电开发项目。云南参与缅甸水电开发时可以将部分投资从大型水电项目转向小型水电站建设。为了满足未得到电力供应的部分乡村的电力需求，缅甸政府计划兴建80座小水电站。其中，伯奥、伯朗、德努、那加自治区各兴建7座，克钦、实皆、马圭、若开、仰光等省邦地区兴建17座。[①] 小型水电站对水流量、水流落差、前期投入的要求较低，建造周期短，运行寿命长，也不需要进行大规模移民，对环境的影响也很小。在缅甸没有电网覆盖或电力严重缺乏的地区参与小水电站建设，就地进行供电，这样的投资必然会受到缅甸政府和民众的欢迎。

水电贸易方面，随着中缅合作的水电项目相继建成投产，云南从缅甸进口的电力会不断增加。同时，云南应抓住机遇，利用地缘优势、电力建设的技术优势和机电产品的生产优势，大力开拓缅甸市场，将云南的过剩电力输往缅甸。"十二五"期间，争取通过云南电网实现向缅甸输电，进一步凸显云南在次区域中的电力交换枢纽、交易平台作用。

（2）缅甸油气开发和中缅贸易

缅甸尚未清晰掌握本国的油气资源现状，还有很大的勘探潜力。2011年，中石化曾先后在缅甸中部和西北部发现两个大型油气田。中国可利用本国相对先进的技术帮助缅甸勘探油气资源，并合作开发新发现的油气田。目前，中缅天然气管道

---

① 《缅政府计划兴建80座小型水电站》，中国驻缅甸大使馆经商处，2013年5月3日，http：//mm. mofcom. gov. cn/article/jmxw/201305/20130500111453. shtml。

签订了 30 年合同，仅靠输送开采自缅甸 A1 和 A3 区块的天然气无法充分实现该管道的经济和战略意义，必须有新的供气来源。因此，与缅甸开展油气勘探开发合作非常有必要。

一方面，开展油气资源勘探可以帮助缅甸更清楚地掌握本国的能源资源储量，更好地制定本国的能源开发和能源产业发展规划。另一方面，新的油气资源会增加区域内潜在的油气供应量，为中缅油气贸易合作提供支撑。中缅油气管道正式运营后，油气贸易将会成为双边能源合作的一大重点。

（3）中印合作开发缅甸钦敦江水电

作为电力需求大国，印度也一直希望从水电丰富的邻国缅甸进口电力。2008 年 9 月，印度和缅甸签署了项目合作谅解备忘录，共同在钦敦江上建设德曼迪（Htamanthi）水电站和瑞实耶（Shwesayay）水电站。德曼迪水电站装机容量为 1200 兆瓦，瑞实耶水电站转接容量为 600 兆瓦，预计总投入为 30 亿美元。这两个水电站都位于印缅边界附近的缅甸克钦邦内，从运输距离上来看具有一定优势。但因双方对利益分配意见无法达成一致（印度认为很难收回投入），2013 年两国政府经商议将两个项目暂停。目前，缅甸已经将这两个电站纳入了未来水电开发规划之列。中国可以从中协调，作为第三国参与这两个水电项目，延续三国在中缅油气管道上的多边合作，这样一方面可以减轻印度和缅甸的资金压力，另一方面可以减少缅甸对双边合作的疑虑——通过三方合作，促成缅甸将钦敦江的水电输往印度东北部，减少印度未来对中国与缅甸能源合作的阻碍。

3. 开发利用新能源

孟中印缅地区具有丰富的新能源资源。为缓解常规能源短缺和减轻环保压力，孟中印缅采取了多项措施开发利用新能源，促进能源的多样化和清洁化。中国和印度是能源大国，新能源是能源消费的重要组成部分，新能源技术也比较成熟。孟加拉国和缅甸有发展新能源的需求，但缺乏开发新能源所需要的技术、资金和人才。各国在新能源利用技术和资金上的互补性为未来四国开展新能源合作提供了广阔的空间。

（1）帮助孟加拉国和缅甸加强新能源利用

孟加拉国目前的用电主要依赖天然气发电，缅甸主要依赖水电和天然气发电。孟加拉国政府正在试图实现电源多样化，主要是发展太阳能、风能和生物能。[①] 受电网建设滞后的影响，缅甸有 4 万多个村庄无法得到电力供应。缅甸政府正在计划为 1 万多座房屋安装光伏发电太阳能，并继续建设小型生物发电站。

在孟加拉国和缅甸电网覆盖率低、国家电网建设严重滞后的情况下，有必要在偏远地区发展离网型新能源设施，满足偏

---

① ADB, *Energy Outlook for Asia and the Pacific*, October 2013, p. 248.

远地区在国家电网建成前的电力需求。户用沼气池、小型生物能发电站和户用光伏系统是解决偏远农村用电的有效途径。孟加拉国和缅甸每年有数以百万吨计的生产和生活废料可用作户用沼气池和小型生物能发电厂的原料，充足的日照也为太阳能发电提供了条件。

中国（云南）的生物能和太阳能利用技术，尤其是户用沼气池技术和太阳能较为成熟，而且效率高、成本低廉。相关企业可以在孟加拉国和缅甸偏远地区参与建设具有工期短和投入小优势的离网新能源系统，通过对生物能、太阳能的综合利用，实现区域独立发电、分户独立发电以及单个设备独立供电，帮助孟加拉国和缅甸解决偏远地区用电难题。同时，中国（云南）可以加大对孟加拉国和缅甸新能源技术人才培训的帮扶力度，利用中国（云南）的技术降低两国新能源开发成本，提高新能源的使用效率。

（2）合作开发印度东北部的太阳能和风能

2009 年，印度政府出台了《尼赫鲁国家太阳能计划》（*Jawaharlal Nehru National Solar Mission*），制定了到 2022 年使太阳能发电达到 2 万兆瓦的目标。[①] 该计划分 3 个阶段实施。第一阶段（2009 ~ 2012 年）的重点是太阳能集热利用，推广离网系统，在严重缺电地区安装太阳能设备。第二阶段

---

① ADB, *Energy Outlook for Asia and the Pacific*, October 2013, p. 262.

（2013～2017 年）积极创造条件，建成规模化和有竞争力的太阳能发电系统。第三阶段（2018～2022 年）将太阳能发电成本降至与传统发电成本相当的水平，使太阳能发电量达 2 万兆瓦。处于孟中印缅经济走廊核心区的印度东北部，其太阳能和风能资源都相当丰富，具备良好的开发条件。

中国的新能源技术发展日新月异，对风能和太阳能利用进展很大，是世界上风电发展最快的国家，光伏发电增长也很强劲。因此，中国（云南）的能源企业可以通过直接投资、技术转让和产品出口等方式，积极参与印度东北地区的太阳能和风能开发，扩大中印两国能源合作领域，为孟中印缅能源合作夯实基础。

4. 能源运输安全

对我国这样的能源进口大国而言，能源运输安全是能源安全中的重要一环。未来较长一段时期内，继续依赖海外能源输入仍将是我国能源领域无法改变的事实。中缅油气管道投产后，与孟、印、缅开展能源运输安全将显得更为重要。

中缅油气管道缅甸境内段沿途经过克钦独立军、克钦保卫军和崩龙解放军等多个少数民族武装控制的势力范围。由于缅甸政府和"民地武"之间的冲突，中缅油气管道未来还面临被破坏的潜在风险。2011 年以来，克钦独立军和缅甸政府军发生多次交战，双方尚未达成新的停火协议。少数民族担心中国在缅甸的大型投资项目会被缅甸中央政府利用，导致缅甸中央政府以保护项目安全为借口派军队蚕食他们的地盘，剥夺他们相对独立的地位。一旦缅甸政府和"民地武"关系恶化，双方很有可能以中缅油气管道为筹码要求中国给予支持。我国必须继续支持缅甸民族和解进程，在不干涉缅甸内政的情况下发挥建设性作用，同时处理好与缅甸政府和"民地武"之间的关系，确保中缅油气管道未来的顺利运转。

印度既是区域大国，又是缅甸的重要邻国，缅甸许多政治人士流亡印度，在印度继续开展政治活动。印度在缅甸和整个地区内的影响力都不容忽视。同时，中缅油气管道也是中、缅、印、韩四国能源合作的项目典范。因此，无论是中缅油气管道安全还是我国从非洲进口的油气运输，客观上都需要我国加强与印度的能源运输安全合作。

5. 装备和技术标准出口

能源机械设备是开展能源基础设施建设、发展能源产业的基础物资。孟加拉国和缅甸能源工业落后，能源设备制造能力弱，根本无法满足其国内对能源机械设备的需求。孟中印缅在能源基础设施建设和能源勘探开采上的合作也将带动中国能源机械设备和技术标准输出。

中国制造的机械设备在孟加拉国、印度和缅甸的能源产业中得到了广泛运用，树立了中国能源工程、技术和管理等方面的良好声誉。中国机械进出口（集团）有限公司为孟加拉国开发建设了该国第一个煤矿和第一个燃煤电站，并承包运营，为该国北部地区提供了稳定的电力供应。[①] 中国向印度出口了火电厂设备，在缅甸参与的油气和水电项目多达数十个。随着孟中印缅能源合作不断深入，中国可以向三国出口更多的能源机械设备。孟加拉国和缅甸需要建设国家电网。缅甸目前的电力设备陈旧老化，亟须更新换代才能维持正常运转，而缅甸电力设备不能自给，从国外引进是其长期一贯的做法。云南应以对孟加拉国和缅甸的电网建设和电源投资为平台和依托，通过竞投标承接孟加拉国和缅甸的电力建设工程，带动电力设备的出口，或者直接发挥产品的质量优势，积极争取进入两国政府的电力设备采购计划，对其电力设备进行维护与更新。

同时，利用 BOT 项目培育掌握中国标准的孟加拉国和缅甸技术人员，向两国出口技术标准和管理标准。孟、缅电力和新能源技术水平低下，对外国的技术存在较强的依赖性。云南可以利用多年积累的电力勘测、设计、建设以及新能源利用等方面的技术优势，加强与缅甸国家能源科研机构与部门的交流与合作，尝试与孟、缅建立能源关键技术的长效合作机制，促进优势技术的转让与输出，真正帮助孟缅解决关键性技术难

---

① 庞卫东、夏明惠、王靖焘：《孟加拉国煤炭资源状况及开发途径》，载《中国煤炭》第 37 卷，第 4 期，2011 年 4 月，第 125 页。

题，使两国切实形成对中国企业的技术信赖，继而产生技术依赖。

6. 中国（云南）与次区域各国的能源合作方式

孟中印缅经济走廊能源合作的方式应具备灵活性。从宏观上来说，孟中印缅能源合作事关四国共同利益，需要四国共同参与，尤其是合作制度上的安排。但具体项目可以是双边合作和三边合作。此外，孟中印缅还可以在以我国为主的前提下引入亚行、世行等国际性机构，既可以争取到更多的外部资金和技术支持，还能在合作中弱化个别国家政府和民众对外资开发本国资源的敏感性和抵触心理。

鉴于中国和印度是四国中的能源需求大国，资金雄厚且技术较为成熟，但印度的积极性不如中国，所以在孟中印缅经济走廊的能源合作中，中国将占据优势地位。因此，应以中国的资金和技术优势为基础，充分利用缅甸的资源，积极开拓孟加拉国和印度能源市场。中缅在能源基础设施建设、水电和油气开发与贸易、能源运输安全以及装备和技术出口等领域都存在较大合作空间。因此，缅甸将是云南参与孟中印缅经济走廊能源合作的重点合作对象。

作为孟中印缅经济走廊的重要节点，云南参与孟中印缅经济走廊能源合作一方面要争取国家支持，确立云南在孟中印缅能源合作的中方主要参与省的地位，（就如云南参与 GMS 经济合作中一样）并在此基础上争取国家在云南布局新的大型能源项目，如建设外向型能源装备生产基地；另一方面，云南要进一步加强与孟、印、缅的联系，利用已有的能源合作基础、自身地缘优势和新能源利用技术优势，深入开展与三国在电力贸易、新能源开发和新能源技术人才培训等领域的具体合作。

（二）主要项目计划

1. 早期收获项目

（1）中缅油气管道在缅甸境内的分输工程

中缅油气管道在缅甸境内途径若开邦、马圭省、曼德勒省和掸邦，在皎漂、仁安羌、当达和曼德勒设有油气分输口。中缅油气管道运营后，缅甸每年可从分输口下载不超过 200 万吨的原油和总输量 20% 的天然气。这样的分输设计对缅甸的发展非常有利。随着管道的运营，从中缅油气管道下载的油气将对缅甸管道沿线地区的能源供应起到积极补充作用。

一方面，中国（云南）可积极推动中缅油气管道在缅甸境内的分输工程建设，为缅方的设施建设提供一定的资金和技术援助，促使相关工程在中缅油气管道投产前顺利完工。另一方面，为了使缅甸能充分利用从中缅油气管道分输口下载的油气，中国（云南）可以根据缅甸对油气的既定用途设计，帮助缅甸建设油气发电厂、改造和新建区域油气分输管网。通过帮助缅甸充分利用从中缅油气管道下载的油气，使缅甸人民和中国人民共同收获中缅油气管道的合作成果，使普通百姓从中缅能源合作项目中直接受益。

（2）小其培电站民生用电示范区

由中电投云南国际电力投资有限公司开发建设的小其培电站位于伊洛瓦底江上游干流恩梅开江与一级支流其培河交汇区，装机量为99兆瓦，年发电量为5.99亿千瓦时。其规划的主要用途是为伊洛瓦底江密支那以上流域拟开发的耶南、广朗普、匹撒、乌托、其培、腊萨、密松水电站提供施工所需电源。

小其培电站距离克钦邦其培市以及密支那较近。2011年9月，小其培电站首条110千伏线路首次送点实验成功，具备了向密支那输送优质电力的条件。在2012年缅甸政府军和克钦独立军的冲突中，小其培电站遭到破坏。2013年9月，小其培电站恢复发电，并相继向其培市和密支那供电。考虑到小其培电站所在地以及周边城市严重缺电，中电投伊江公司可以协助扩大周边地区的电网建设，在未来的发电方案中应进一步扩大小其培电站向缅甸城乡的供电范围，为周边地区提供更多的低价电力，以实际行动履行具有企业特色的社会责任。通过建设小其培电站民生用电示范区，使更多的缅甸百姓摆脱电力短缺的煎熬，从中国建设的电站中获得切实的电力保障。通过示范效应，提高缅甸普通民众对中国能源企业和中国投资的认可度和支持度。

（3）积极参与缅甸的电网改造与建设

缅甸的电网改扩建工程比较浩大，涉及输电、配电、变电建设等各个环节，对设备、技术、管理等各方面要求都较高，云南在国际输变电工程承包方面已经具有不小的经验优势。云南电网曾于 2008 年 12 月与老挝国家电力公司签署老挝北部送电项目老挝境内输变电配套工程合同，该工程已于 2009 年 12 月正式投产，运行状态一直良好，受到老挝国内的一致好评。2013 年 3 月，云南电网又与老挝国家电力公司签署 230 千伏老北电网建设合同。这些合作经验为云南打开缅甸电网建设市场奠定了良好的基础。

近期，云南可根据缅甸电力发展的需求，争取与缅甸合作开展仰光和曼德勒的电网改造项目。提供专项援助资金，免费帮助缅甸在这两个城市实施电网入户改造工程，以此提高缅甸两个最大城市的电力输送能力，降低电力传输损耗率，使这两个城市的居民能感受到中缅能源合作项目带来的实惠和中国的善意，促使缅甸对华民意在较短时间内发生较为明显的转变。

（4）援助孟加拉国和缅甸开展能源发展规划研究项目

能源发展规划是国家能源工业的发展蓝图，对国家能源产业乃至整个国民经济的发展至关重要。目前，孟加拉国和缅甸不仅不清楚本国的能源现状，对未来的能源发展也缺乏整体的、长期的规划。帮助孟加拉国和缅甸出台国家能源发展规划，不仅有利于引导其国内能源工业有序发展，同时有利于中国（云南）了解两国的能源发展远景，更好地与两国开展能源合作。

中国（云南）有良好的资金和能源技术优势，具备丰富的能源项目规划咨询经验，可以向孟加拉国和缅甸提供资金、咨询服务和技术援助，帮助两国开展能源发展规划研究项目，提高两国在国家能源发展规划中对国际和区域能源合作的重视程度。

（5）加大对孟印缅的新能源科技培训力度

新能源的开发利用需要掌握高新科技，孟中印缅新能源合作也离不开技术和人才支持。目前，孟加拉国、印度和缅甸的新能源人才培养尚不能满足市场快速发展需要，也没有形成支撑新能源产业化发展的科技服务体系。云南在新能源技术与应用上较孟加拉国、印度和缅甸有相对优势，同时还是中国－东盟新能源与可再生能源科技培训基地。考虑到孟、印、缅发展新能源对技术和人才的需求，云南可加强与三国在新能源技术上的交流与合作，为孟、印、缅提供更多的新能源技术人才培训。

一方面，要充分利用中国－东盟教育培训中心新能源与可再生能源科技培训中心和云南省沼气工程技术研究中心等现有的培训机构，为孟加拉国、印度和缅甸的技术人员提供短期培训。另一方面，利用云南和三国高校间的合作以及政府奖学金，吸引更多的留学生到具备专业优势的云南高校就读新能源相关专业，通过系统的学习，扎实掌握新能源利用技术。同时也要鼓励云南的新能源技术人员和研究机构走出国门，积极参与孟加拉国、印度和缅甸的新能源技术开发和新能源利用项目。

（6）对孟、印、缅的能源设备优惠贸易

能源设备是能源工业发展的基础物资。经过多年努力，中国的能源设备在孟、印、缅三国已经占据了一定的市场，并取得了良好的口碑。孟、印、缅能源工业巨大的发展空间为中国能源设备扩大出口提供了契机。

为进一步开拓三国的能源设备市场，中国可以和孟、印、缅开展能源设备优惠贸易。通过以优惠条件向孟、印、缅出口能源设备，带动能源技术和能源标准的出口。中国可以和孟、印、缅通过签订协议，就能源设备供销优惠条款达成一致，以降低关税、能源换设备、免息分期付款等方式向孟、印、缅提供性价比更高、更具竞争力的能源设备。对三国与中国合作开展的能源项目所需的能源设备进口，可以提供更多的优惠。通过提高中国能源设备在三国的市场占有率，提升孟、印、缅对中国技术和标准的认可和依赖，并反过来促进各国与中国的能源合作。

（7）印度农村微电网建设

印度的乡村地区很大一部分人无法获得正常的电力供应，以太阳能发电为主的小型微电网成了这些地区的福音，不仅带来了光明还带动了整个乡村经济的发展。未来较长一段时间内，印度仍将会通过发展小型微电网改善乡村供电。

云南企业主要可以通过三种方式参与印度的太阳能微电网建设。一是对印度需要发展微电网但缺乏资金的乡村进行资金投资；二是有技术优势的企业可以凭借在太阳能光伏利用上的优势，以技术入股，与印度本土企业合作；三是对印度微电网对外招标项目积极投标，参与承建印度农村的微电网。通过积极参与印度的微电网建设，以小促大，为双方进一步开展能源合作奠定基础。

2. 中长期项目

（1）区域电网联网

电力是一种特殊的能源产品，不像油气可以长久储存留作备用。通过跨境联网，可以使富余电力跨境流通，在充分利用本国资源的同时弥补邻国的能源短缺。实现孟中印缅四国电网联网将使区域能源合作迈上新的台阶。从长期能源合作来看，孟中印缅四国可以在开展国内电网建设和两国间实现电力联网的基础上建设区域电网。

中国（云南）首先需要了解孟、印、缅三国对建设区域电网的态度，以及三国对区域电网建设切入点的不同选择。譬如，印度特里普拉邦（Tripura）油气资源丰富，但因国内消费市场有限，目前不得不限制电力生产。开发区域电网建设可以使孟加拉国从特里普拉邦获得 300 ~ 500 兆瓦电力。[①] 通过加强与孟、印、缅三国的沟通,使孟中印缅区域电网建设成为共识,并逐步从共识转变为规划蓝图,逐步走向落实。

区域电网规划的前期可行性研究和建设周期较长,对资金和技术都有很高的要求,而区域电网建设也是相关国际机构及银行所鼓励和支持的。2013 年 10 月,亚洲开发银行与孟加拉国政府签订了一份 1200 万美元的融资合同,用于投资印度与孟加拉跨边界的电网修建。因此,孟中印缅四国还应加强与国际组织的沟通,在区域电网规划和具体项目上争取获得亚行和世行更多的资金和技术支持。

鉴于输电路线过长会增加输送过程中的损耗,从中国西南直接向孟加拉国和印度输送电力并不现实。但中国企业与缅甸已签署 20 多个水电开发合作项目,同时缅甸和孟加拉国及印度临近,可以利用我国企业在缅甸的水电权益向孟加拉国及印度送电。

(2) 将云南建成跨区域电力交换枢纽

在孟中印缅电力联网的基础上,以云南重要桥头堡建设为契机,将云南建成跨区域电力交换枢纽,扩大孟中印缅次区域

---

① Mushifigur Rahman, "Energy Cooperation in BCIM Region", *The Financial Express*, 9 March, 2013, http: //www. thefinancialexpress – bd. com/index. php? ref = MjBfMDNfMDlfMTNfMV82XzE2MjUwOA.

与周边区域在电力贸易、电力技术交流上的合作。

借鉴大湄公河次区域电力合作的有益经验，成立孟中印缅电力合作协调委员会和电力合作协调中心。云南应利用自身先进的电力技术和较为完备的信息服务功能，及参与大湄公河次区域电力合作累积的丰富经验，推动成立孟中印缅电力合作协调委员会和电力合作协调中心，争取使电力合作协调中心落户昆明，将云南建成跨区域电力交换平台和枢纽。云南跨区域电力交换枢纽的功能定位不仅包括为孟中印缅电力贸易提供指导，还应涵盖促进孟中印缅次区域和周边区域在电力技术上的交流，构建跨区域电力合作的良好格局。

（3）新能源合作

发展清洁可再生的新能源，促进能源与环境的和谐发展是21世纪世界各国能源发展战略的必然选择。在水电资源开发越来越多地引发环保争议的前提下，开发可再生能源将是孟中印缅能源合作未来的发展趋势和重要的发展方向。孟中缅印地区具有丰富的新能源资源，但当前利用太阳能、生物质能和风能等可再生能源发电的比例相当低。为缓解常规能源短缺和减轻环保压力，孟中印缅采取了多项措施开发利用新能源，促进能源使用的多样性和清洁化。

中国和印度作为能源大国，其新能源是能源消费的重要组成部分，新能源开采、利用技术也比较成熟。孟加拉国和缅甸有发展新能源的需求，但缺乏开发新能源所需要的技术、资金和专家。各国在新能源利用技术和资金上的互补性为未来四国开展新能源合作提供了广阔的空间。孟中印缅要加强新能源开发利用合作，积极开展太阳能、风能、沼气、地热能、潮汐能等清洁新能源的推广应用，提高非化石能源占一次能源消费的比重，减少二氧化碳排放量，使经济社会与环境协调发展。

云南在太阳能利用、新能源发电、新能源接入等领域的科技水平在国内处于领先地位，可以利用新能源开发和上网的技术优势，引进、消化、吸收或再创新国际上可再生能源技术，因地制宜利用当地可再生能源发电，如分布式太阳能光伏发电、风力发电以及生物发电等，对孟、印、缅进行多元化投资，加强与孟、印、缅在新能源领域的合作，使新能源合作成为孟中印缅能源合作的新推动力。

五　推进孟中印缅经济走廊能源合作的对策措施

孟中印缅经济走廊能源合作是一项长期、复杂的系统工程，涵盖众多领域，涉及国内国外。既需要国家层面切实加大支持力度，加强整体规划和协调推进，也需要我们从云南省的角度考虑，立足当前，着眼长远，综合协调，积极探索推进经济走廊能源合作的方式与途径。

（一）国家层面

1. 建立和完善孟中印缅经济走廊能源合作机制

一是重视和发挥现有合作平台的作用和影响，多层次、多领域、多形式推进孟中印缅经济走廊能源合作。通过大湄公河次区域合作、中国－东盟自由贸易区等多边合作机制，落实《大湄公河次区域政府间电力贸易运营协定》、中缅两国签订的《关于合作开发缅甸水电资源的框架协议》等，加强孟中印缅经济走廊与大湄公河次区域的衔接与互动，重点推进各国在电力贸易、电力建设等领域的合作。要充分发挥孟中印缅地区合作论坛的多边沟通作用，建议将能源合作作为论坛的一个主要对话议题。在中国－南亚博览会设立以孟中印缅能源合作为主题的论坛和展览，推动更深、更广的国际能源合作。二是发挥联合国贸易和发展会议、世界银行、亚洲开发银行等国际组织等的协调作用。加强与有关国际组织的合作，充分发挥其地区"协调人"的作用，帮助消除能源合作进程中的基础设施制约和国别政策障碍。充分利用亚洲开发银行的资金和技术专家优势，共同开展能源合作的调研和规划工作，以多边国际组织的共同参与来减弱双边合作的敏感性。

2. 制定我国参与孟中印缅经济走廊的能源合作规划

加强了解与沟通，掌握区域内各国对能源合作的真实态度和利益诉求，特别是要积极了解印度在能源合作中的利益关切点和疑虑点。掌握各方的能源信息和相关政策，研究制定我国参与经济走廊能源合作的总体规划。当前建议重点做好孟中印缅经济走廊电力网络建设规划，配合孟中印缅经济走廊基础设施建设，推动缅甸东中部和中国云南省水电资源的开发以及向孟加拉国和印度输电。实现孟中印缅经济走廊电力的统一并网，逐步推动孟中印缅经济走廊能源网络的建设。

3. 建立国内企业境外能源开发协调机制

推进国家相关部委从国家能源安全的大局出发，紧密与孟、印、缅三国的经贸关系，建立国家主导、云南发挥重要作用的国内企业在东南亚、南亚合作开发水电、油气资源、新能源的协调机制。一方面，国家从整体最优的角度，结合各参与企业的优势，对从事境外电源开发的国内企业进行适当分工和协调，防止出现恶性竞争，损害国家整体利益；支持地方探索建立"输配分开、竞价上网"的运营机制，加快推进电价改革试点，建立健全合理的电价形成机制，进一步调动地方参与孟中印缅经济走廊建设的积极性。另一方面，政府出面积极主动协调境外水电等能源合作涉及的国家政府，主动帮助企业营造良好的外部环境。

4. 设立孟中印缅经济走廊合作基金

能源产业的合作需要大规模的资金作为支撑，很多能源项目不仅投入大，而且成本回收慢。从目前的情况看，孟中印缅经济走廊能源合作所需资金缺口比较大。要拓宽资金来源途径，多渠道多形式筹措能源产业合作资金。建议借鉴中国－东盟投资合作基金的经验，争取四国合作设立孟中印缅经济走廊合作基金，为孟中印缅四国在能源、基础设施等领域的合作提供资助。当前还要积极推动亚洲基础设施投资银行的筹建工作，争取孟中印缅经济走廊能源合作能获得多渠道的资金支持。

5. 建立孟中印缅经济走廊能源合作风险评估体系

孟中印缅经济走廊对于中国的能源外交布局有重要意义，但是，中国参与这一区域的能源合作也面临一系列的政治、经济风险。建议由商务部主导建立健全经济走廊能源合作风险评估体系，定期发布风险防范指南，指导企业建立境外安全管理制度和境外安全突发事件应急处理机制；相关研究机构要加强对孟中印缅经济走廊能源合作的研判，当前要重点关注缅甸政治经济转型的动态和趋势，为政府和企业提供参考；探索突发事件应急处理机制，一旦出现突发事件，要启动应急管理，立即采取积极的应对措施，将不良影响和损失降至最低。确保我国参与的孟中印缅经济走廊能源合作项目实现利益最大化、风险最小化。

6. 做好增信释疑工作，优化合作氛围

推进孟中印缅经济走廊能源合作需要处理很多方面的问

题，要广泛争取相关方的理解、信任和支持。一是做好释疑解惑、增进互信的工作。目前南亚地区国际形势仍然较为复杂，印度对进一步参与合作仍存有疑虑，缅甸对于资源开发比较敏感。我国在能源合作过程中如果一味地"只做少说"甚至"只做不说"，有可能导致更多的担忧、猜忌甚至抵制。因此，从合作伊始就要重视与相关国家的沟通协调，少单干，少悄悄地干。二是吸取密松水电站的教训，重视和对方政府、当地人民、媒体和 NGO 的沟通。通过在缅甸、孟加拉国、印度实施以村为基础的小水电、优惠提供小型太阳能发电设备等项目，让当地民众获得实惠。在规划重大项目时，同步甚至提前启动符合国际标准和做法的环境、社会和健康评估工作。落实习近平总书记在 2013 年周边外交工作座谈会上提出的"多做得人心、暖人心的事，使周边国家对我们更友善、更亲近、更认同、更支持，增强亲和力、感召力、影响力"。

7. 积极应对区域外其他国家干扰而带来的阻力

就外来因素而言，美国的南亚战略与行动、美国对缅甸外交政策的调整，不得不说是一个无法排除的"局外因素"。中国在参与孟中印缅经济走廊能源合作的进程中必须处理好这一核心干扰因素。从中国海外资源开发和合作的经验来看，必须做到"官民分开"，这样才能有利于消除政治因素与意识形态因素的干扰。日本与缅甸开展了日益广泛的经贸合作，对中国企业形成了激烈的冲击，需要密切关注，并确保我国在缅的重大项目健康运行。另外，也要跟相关国家及地区组织积极交流，必要时适当地做些解释和说明工作，争取各方的理解和支持。

（二）云南省层面

1. 发挥区域合作优势，多渠道争取各方支持

云南要协助国家相关机构做好与相关国家的沟通、对接工作。建议由国家能源主管部门提请亚洲开发银行牵头，在云南设立孟中印缅经济走廊能源合作办公室，负责能源产业合作的协调工作，统一规划和推进孟中印缅电力联网工程建设。争取在云南布局一个大型能源装备制造基地，改造创新适合东南亚、南亚国家的技术和装备，积极向周边国家出口。建立云南省党政领导与亚行高级官员间的定期互访制度，加强定期互访和沟通，了解亚行对孟中印缅经济走廊合作的支持方向。寻找合适机会，推动亚行在昆明设立办事机构，发展总部经济。

2. 建立信息服务平台，引导有序合作

构建完善以商务厅为主导，我国驻外经商机构、能源企业、科研机构等积极参与的多渠道信息服务平台，及时准确向企业提供投资对象国（地区）有关能源结构、能源需求、法

律法规、产业政策等方面的信息服务。为投资者分析、整理、提供孟中印缅经济走廊能源产业发展的动态信息，积极引导投资者有序进入经济走廊，进行能源合作。

3. 建立风险投融资机制，增强发展后劲

加大政府扶持力度，建议设立云南参与孟中印缅经济走廊能源合作专项资金，建立财政投入的长效增长机制。深化投融资体制改革，尽快建立以政府投入为引导、以金融投入为依托、以企业投入为主体、以社会投入为辅助的投入体系，按照市场化原则，使民间资本、企业资本成为创业投资的主体。加快建立风险投资机制，联合西南省、区、市，共同出资建立投资风险基金，解决企业的后顾之忧。把新能源项目纳入政策性贷款范围，发放专项贷款和实行贷款贴息，整合、充实和完善现有各项基金，支持需扶持的新能源开发合作。

4. 扶持民营企业，支持灵活参与

目前，我国参与周边国家能源项目合作的多是大型国有企业，其国有背景容易引起所在国政府的过度警惕和抵制；而民营企业管理机制灵活、市场反应快，更容易把握潜在的合作机会。建议进一步扶持云南省有实力、有潜力的民营企业以灵活方式参与孟中印缅经济走廊能源合作项目。从技术、经济、组织等多个政策面，进一步放宽能源投资的行业

标准，降低准入门槛。简化能源投资项目的审批手续，缩短评审时间，提高办事效率。支持企业在境外发展生物柴油、燃料乙醇原料及其初加工基地，引入生物柴油、燃料乙醇原料和初加工产品。引导企业投资生物质固体成型燃料、太阳能、风能等项目的合作开发，为我国与周边国家的能源合作注入新的活力。

5. 抓好项目，力争取得早期收获

各相关部门要紧紧围绕能源合作的主要任务，抓紧项目启动的前期工作，研究开发一批事关长远发展的大项目，把握好项目申报的时机和程序，争取得到国家更多支持。要加强与国家有关部门和企业的对接合作，滚动开发和储备一批高质量的对接项目，用项目来支撑和推动经济走廊建设。近期内，一是可以在向缅边境地区供电和邦郎、瑞丽江水电站建设的基础上，加快与缅甸的能源合作进程，把省网向西延伸，积极实施云电外送缅甸，并积极参与缅甸的电网改造与建设，争取与缅甸合作开展仰光和曼德勒的电网改造项目。尽快实现小其培电站送电至缅甸莫高、莫宁地区并与缅甸国家电网联网，使当地人民从安全稳定的电力保障中得到实惠。二是开展在节能、环保、开发新能源及再生能源等方面的合作。云南应该与孟、缅、印三国积极开展中小水电开发及设备生产合作，并在开发生物质能、太阳能等新能源和节能技术、新能源技术研究和推

广方面进行合作。利用太阳能光伏技术优势参与印度农村的微电网建设，向孟、印、缅推销中国的太阳能、沼气池和风力发电机等新能源产品。切实从能源合作项目着手，推动孟中印缅经济走廊能源合作早日收获成果。

6. 开展新能源与可再生能源科技培训

当前可以通过中国－东盟新能源与可再生能源科技培训基地、云南省沼气工程技术研究中心等培训机构，为孟、印、缅三国的技术人员提供培训。通过云南与三国高校间的合作以及政府奖学金，吸引更多的留学生到具备专业优势的云南高校就读新能源相关专业，系统地掌握新能源利用技术。同时也要鼓励云南的新能源技术人员和研究机构走出国门，积极参与孟加拉国、印度和缅甸的新能源技术开发和新能源利用项目。考虑建立孟中印缅或者中国－南亚新能源培训机构，加大与孟、印、缅在能源技术人才培训上的合作力度，分享成果与经验，密切四方的能源合作。

主要参考文献

[1] 〔缅〕佐青青：《走向 21 世纪的中缅油气合作》，硕士学位论文，云南大学，2011。

[2] 李晨阳：《2010 年大选之后的中缅关系：挑战与前景》，《和平与

发展》2012 年第 2 期。

［3］庞卫东、夏明惠、王靖焘：《孟加拉国煤炭资源状况及开发途径》，
《中国煤炭》2011 年第 4 期。

［4］《中缅能源合作的现状及存在的问题》，载徐勤华主编《中国能源
国际合作报告》，中国人民大学出版社，2013。

［5］胡建良：《东南亚地区炼油行业概况》，《中外能源》2012 年第
3 期。

［6］陈恒：《中国和印度能源合作》，载陈岳、许勤华主编《中国能源
国际合作报告（2009）》，时事出版社，2010。

［7］《中缅合作将在曼德勒新建一原油炼油厂》，《缅甸时报》2011 年 2
月 18 日。

［8］《孟加拉能源概况和中孟能源合作建议》，中国驻孟加拉国大使馆经商
处，http：//bd. mofcom. gov. cn/article/ztdy/201605/20160501310457. sht-
ml。

［9］《缅甸首次发现近海深水区块天然气》，中国驻缅甸大使馆经商处，
http：//mm. mofcom. gov. cn/article/jmxw/201601/20160101227665.
shtml。

［10］《缅甸石油和天然气分布调查》，中商情报网，http：//www. ask-
ci. com/news/2015/04/03/8557lrqy. shtml。

［11］《缅甸计划建 30 万千瓦太阳能发电厂》，中国驻缅甸大使馆经商
处，http：//mm. mofcom. gov. cn/article/sqfb/201605/2016050132
8702. shtml。

［12］《中缅石油管道会不会是密松水电站的结局》，中国建筑新闻网

http：//project. newsccn. com/2013 – 01 – 21/194078. html。

［13］《煤炭资源》，云南省人民政府门户网站，http：//www. yn. gov.
cn/yn_ tzyn/yn_ tzhj/201211/t20121128_ 8647. html，2012 年 11
月 28 日。

［14］《水和水能资源》，云南省人民政府门户网站，http：//www. yn.
gov. cn/yn_ yngk/yn_ sqgm/yn_ zrzy/201302/t20130220_
9739. html，2013 年 2 月 20 日。

［15］《管道局东南亚管道公司完成中缅油气管道（境外段）水保治理
项目》，中国管道商务网，http：//www. chinapipe. net/national/
2016/29561. html。

［16］吴清泉、吕辉：《云南"走出去"最大能源项目落地缅甸》，《中
国能源报》2016 年 3 月 14 日，第 11 版。

［17］《云南省国民经济和社会发展第十三个五年规划纲要》2016 年
4 月。

［18］《云南太阳能产业弃欧"下南洋" 市场前景备受青睐》，云南省
能源投资集团有限公司，http：//www. cnyeig. com/information/
5934. whtml。

［19］《中印欲卸数十年历史包袱 除了合作别无他法》，《环球时报》
2013 年 10 月 23 日，http：//news. xinhuanet. com/world/2013 –
10/23/c_ 125582109. htm。

［20］《缅甸中资额度急剧下降国际资本顺势涌入》，《国际财经时报》
2013 年 6 月 9 日。

［21］《孟加拉国利用 FDI 现状、目标及我在孟投资机会与风险分析》，

中国驻孟加拉国大使馆经济商务参赞处，http：//bd. mofcom. gov. cn/article/ztdy/200403/20040300201465. shtml。

[22]《亚洲开发银行为孟电力系统改造提供专项贷款》，中国驻孟加拉国大使馆经参处，http：//bd. mofcom. gov. cn/article/jmxw/201403/20140300504050. shtml。

[23]《孟政府计划动用 16 亿美元用于升级电站和供电系统》，中国驻孟加拉国大使馆经商处，2012 年 12 月 2 日，http：//bd. mofcom. gov. cn/article/jmxw/201212/20121208463287. shtml。

[24]《缅甸有近 5 万个乡村未实现供电》，中国驻缅甸大使馆经商处，2012 年 11 月 29 日，http：//mm. mofcom. gov. cn/article/jmxw/201211/20121108459230. shtml。

[25]《2030 年缅甸电力需求将增长 5 倍》，中国电力网，2013 年 9 月 25 日，http：//www. chinapower. com. cn/newsarticle/1194/new1194603. asp。

[26] *BP Statistical Review of World Energy*, June 2016, Petrobangla, http：//www. petrobangla. org. bd/data.

[27] Draft Annual Plan, Development & Planning Department of Government of West Bengal, 2011/12.

[28] Energy and Mineral Resources Division of Government of Bangladesh. Kokichi Ito, "Asia/World Energy Outlook 2007, Focusing on China and India", *IEEJ*, October 2007, p. 74, http：//eneken. ieej. or. jp/en/data/pdf/405. pdf.

[29] Koichi Koizumi, Kiminori Maekawa, Kouzou Yudate, Nobufumi Ina-

da，"Coal Supply and Demand Trends in India"，*IEEJ*.

［30］ World Economic Forum，ADB and Accenture：*New Energy Architecture*：*Myanmar*，June 2013．

［31］ ADB，*Energy Outlook for Asia and the Pacific*，October 2013．

［32］ 东盟能源网，http：//www. aseanenergy. org/publications_ statistics/ energy_ profile/myanmar/energy_ resources. htm。

［33］ ADB，*Myanmar*：*Energy Sector Initial Assessment*，October 2012．

［34］ Energy Profile Myanmar，Reegle，http：//www. reegle. info/countries/myanmar － energy － profile/MM．

［35］ ADB，*ADB's Midterm Review of the Strategic Framework of the Greater Mekong Subregion*，http：//www. adb. org/gms．

［36］ "MOU Between Ministry of Power，Government of the Republic of India and the National Energy Administration，Government of the People's Republic of China on Setting up Chinese Power Equipment Service Centres in India"，http：//pmindia，nic，in/press － detail. php？nodeid＝1735．

［37］ The Burma － China Pipelines：Human Rights Violations，Applicable Law，and Revenue Secrecy，Earthrights International，Situation Briefer No. 1，March 2011，http：//www. earthrights. org/sites/default/files/documents/the － burma － china － pipelines. pd．

［38］ China － Burma Pipeline Faces Local and International Opposition，http：//www. ooskanews. com/international － water － weekly/china － burma － pipeline － faces － local － and － international － opposition_

21616，March 14，2012.

[39] Herath Gunatilake and David Roland – Holst，*Energy Policy Option for Sustaibale Development in Bangladesh*，ADB Economics Working Paper Series，No. 359，November 2013.

[40] Mushifigur Rahman，"Energy Cooperation in BCIM Region"，in *The Financial Express*，March 9，2013，http：//www. thefinancialexpress – bd. com/index. php? ref = MjBfMDNfMDlfMTNfMV82XzE2Mj- UwOA.

第 II 篇

应对缅甸转型挑战　推进中缅能源合作
（咨询报告）

本报告对缅甸新政府上台以来政治经济政策调整对中缅能源合作可能产生的影响进行了分析和梳理，并在此基础上，从国家、云南省、企业三个层面推进中缅能源合作提出了有针对性的对策建议。

一　缅甸新政府政治经济政策调整对中缅能源合作带来的挑战

缅甸的政治经济改革是缅甸民主化的标志，从长远来看，一个开放的、民主的、稳定的、法律健全的且与国际接轨的缅甸有利于中国在缅投资安全。但缅甸政治、经济改革尚处于初级阶段，改革中的不确定因素较多，必然对中缅能源合作带来一些影响。

（一）政治改革层面

第一，前景不明朗的缅甸民主化转型给中缅能源合作带来政治风险。从目前来看，缅甸的政治改革前景尚存在较大的变数。相比于军政府时期，缅甸政治运作规则已经有所改变，会在较大程度上影响到经济领域。在此背景下，中国的投资项目，尤其是资源型投资项目最易成为攻击对象之一。

第二，缅甸社会公众意识增强对中国企业在缅经营活动提出新要求。缅甸新政府放松了对社会的控制，使得缅甸市民社会迅速崛起，西方非政府组织全面渗透，缅甸社会越来越多元化，改变了原来军政府时期的社会生态，各类政治情绪如资源民族主义、环境主义高涨。在此影响下，部分民族主义者甚至将中国投资者描述成"资源掠夺者"和"环境和传统文化的破坏者"，影响了中国在缅投资声誉，增加了中缅能源合作的难度。

第三，西方企业进驻缅甸对我国在缅企业形成新的竞争压力。2011 年后西方国家逐步解除对缅制裁，并鼓励企业投资缅甸。缅甸在逐步摆脱被孤立的处境后，对中国的战略需求有所降低。西方成熟的公司体制、与国际接轨的网络和较高的道德制高点，对中资企业形成了一定的竞争优势。而且在新的政治环境下，不排除缅方为急于吸引美欧国家投资，在项目竞标中倾向于西方公司的可能性。中资企业在这种环境下投资缅甸，或要付出比过去更多的努力，甚至增加合作成本。

（二）经济改革层面

第一，缅甸经济改革进程使中国在缅甸投资面临新挑战。缅甸新政府推行的经济改革，对国内经济政策进行了较大幅度的调整。对中缅能源合作影响最大的，还是缅甸新的《投资法》。由于缅甸经济改革的不确定性，此法虽然避免了外资项目被缅甸国有化的风险，但我国仍然面临缅方以所谓"充足的理由"来搁置项目的潜在风险。

第二，新政府颁布的环保法和企业责任法规对我国企业提出了更高要求。新政府上台以来，颁布了一大批新的法律法规。这些立法越来越注重保护自然资源和环境，如限制对自然资源和环境造成损害、损坏有关民族文化传统、对人民身体健康造成影响的投资。这些法案都吸收了环保和人权保护等内容，需要中资企业在投资缅甸时认真理解和注意。

第三，缅甸自身能源政策的调整对中缅能源合作提出了新的挑战。缅甸原来高度依赖天然气和水电站开发，新的能源政策里提出了很多新能源概念，把新能源提到了很高的高度，原来重视单点的电站建设，现在更重视网络型的基础设施建设。这些都对中方如何调整合作策略，提出了更多、更高的合作要求。

(三) 缅北局势层面

第一，缅北民地武与中央政府武装冲突对中缅能源合作造成直接威胁。由于中缅能源合作项目多在民地武控制区，武装冲突会直接损害中国企业利益，局势不稳影响中企继续投资经营的信心，冲突双方争夺中国投资利益等问题对中缅能源合作造成直接威胁。

第二，缅北民地武与中央政府的矛盾的影响。缅甸中央政府与民地武对地区投资法规适用存在分歧，缅甸中央政府和民地武组织在资源开发和收益分配上存在矛盾，民地武组织内部派系和权益争夺也会影响中缅能源合作。

第三，其他势力介入缅北地区带来的影响。由于缅北地区战略位置极其重要，缅北民地武问题成为西方势力介入缅甸问题、挑拨中缅关系的重要抓手。西方在推动缅甸民主化转型的过程中，利用民族问题，强调中央和地方分权，增加了中国平衡缅甸中央和地方关系的难度，也将直接影响到中缅能源合作。

二 应对缅甸转型挑战，推进中缅能源合作的对策建议

(一) 国家层面

1. 建立和完善中缅能源合作机制

重视和发挥现有合作平台的作用和影响，落实与中缅能源

合作相关的协议；探索中缅能源合作，推进税收互惠、互免协议，降低能源合作成本，扩大用电市场；发挥联合国贸易和发展会议（以下简称"联合国贸发会议"）、世界银行、亚洲开发银行等国际组织等的协调作用，以多边国际组织来降低中缅双边合作的敏感性。

2. 建立国内企业境外能源开发协调机制

提请国家相关部委从国家能源安全的大局出发，密切与缅甸的经贸关系，积极主动与缅甸政府协调，主动帮助企业营造良好的外部环境；建立国家主导、云南发挥重要作用的国内企业在东南亚、南亚合作开发水电、油气资源、新能源的协调机制，防止我方企业内部出现恶性竞争，损害国家整体利益。

3. 建立中缅能源合作风险评估体系

提请由商务部主导，建立健全中缅能源合作风险评估体系，指导企业建立境外安全管理制度和境外安全突发事件应急处理机制；相关研究机构要加强对中缅能源合作的研判，为政府和企业提供参考；建立突发事件应急处理机制，以确保中缅能源合作项目实现利益最大化、风险最小化。

4. 做好增信释疑工作，优化合作氛围

在沟通上充分吸取密松水电站的教训，从合作伊始就要重

视与缅方的沟通协调，重视与对方政府、当地人民、媒体和
NGO 的沟通；在水电站等项目的选址问题上，要充分重视中
外专家尤其是缅方专家的意见；在环保等问题上，还需建立更
严格的对外投资项目环境影响评估体制，避免出现漏洞，授人
以柄。

5. 积极应对区域外其他国家干扰带来的阻力

针对美日等国与缅改善关系，增加对缅投资对中缅能源合
作带来的影响，可充分借鉴中国在海外资源开发和合作的既有
成功经验，消除政治因素与意识形态因素的干扰，争取缅甸各
方的理解和支持。

6. 积极应对"民地武"问题

按照国家有关政策来应对缅北民地武问题的影响，借此避
免其利用项目，尤其是中缅能源管道等重大项目的安全进行要
挟的潜在危险。

7. 尽早与缅方妥善协商解决密松水电站搁置问题

虽然吴登盛政府在其任期内搁置密松电站项目，但是为弥
补中方损失，将由中方承建两个规模总量与密松相当的电站作
为补偿。在缅甸国务资政昂山素季访华之前，缅甸政府成立了
一个"伊洛瓦底－密松流域水利项目调查评估委员会"，重新

评估该流域的水利项目，其中就包括中国投资的密松水电站。昂山素季在与李克强总理会谈时也表示愿同中方加强沟通，推进能源合作，并表示会根据以上信息，建议有关部门与缅方就密松问题尽早展开谈判，争取重启密松水电站项目，或舍弃密松水电站项目，但要求缅方做出合理的替代补偿或赔偿，以尽早解决当前中缅能源合作中的最大障碍。

（二）云南省层面

1. 发挥区域合作优势，多渠道争取各方支持

充分发挥云南在区域合作中的优势，协助国家相关机构做好与缅甸等国家的沟通、对接工作；争取各方支持，争取在云南布局一个能源大型装备制造基地，改造创新适合缅甸乃至整个东南亚、南亚国家的技术和装备，积极向周边国家出口。

2. 建立信息服务平台，引导有序合作

构建完善以商务厅为主导，我国驻外经商机构、能源企业、科研机构等积极参与的多渠道信息服务平台，及时准确地向企业提供缅甸在有关能源结构、能源需求、法律法规、产业政策等方面的信息服务，为投资者分析、整理、提供缅甸能源产业发展动态信息，积极引导投资者有序进入缅甸，进行能源合作。

3. 建立风险投融资机制，增强发展后劲

建议加大政府扶持力度，设立云南参与中缅能源合作专项资金，建立财政投入的长效增长机制；加快建立风险投资机制，联合西南各省区市，共同出资建立投资风险基金，解决企业的后顾之忧；把新能源项目纳入政策性贷款范围，发放专项贷款和实行贷款贴息，整合、充实和完善现有各项基金，支持需扶持的新能源开发合作。

4. 扶持云南省民营企业灵活参与合作项目

建议进一步放宽能源投资的行业标准和准入门槛，扶持云南省有实力、有潜力的民营企业以灵活方式参与中缅能源合作项目；支持企业在境外发展生物柴油、燃料乙醇原料及其初加工基地，引入生物柴油、燃料乙醇原料和初加工产品；引导企业投资生物质固体成型燃料、太阳能、风能等项目的合作开发，为中缅能源合作注入新的活力。

5. 抓好项目，力争取得早期收获

建议各相关部门紧紧围绕中缅能源合作的主要任务，抓紧项目启动的前期工作，研究开发一批事关长远发展的大项目，把握好项目申报的时机和程序，争取得到国家更多支

持；加强与国家有关部门和企业的对接合作，滚动开发和储备一批高质量的对接项目，用项目来支撑和推动中缅能源合作。

6. 开展新能源与可再生能源科技培训

通过中国－东盟新能源与可再生能源科技培训基地、云南省沼气工程技术研究中心等培训机构，为缅甸技术人员提供短期培训；通过云南与缅甸高校间的合作以及政府奖学金，吸引更多留学生到具备专业优势的云南高校就读新能源相关专业，系统地掌握新能源利用技术；鼓励云南的新能源技术人员和研究机构走出国门，积极参与缅甸的新能源技术开发和新能源利用项目；考虑建立中缅新能源培训机构，加大与缅甸在能源技术人才培训上的合作力度，分享成果与经验，密切双边能源合作。

（三）企业层面

1. 优化投资主体构成

全面调节投资主体，可采取以国有企业为主、其他企业为辅的多元投资构成；鼓励民间中小型企业积极参与，力促合作格局"由点到面"依次铺开，逐渐形成"1个大型企业＋N个小型企业"的网状体系。

2. 拓展合作产业链

建议中缅合作双方在现有合作的基础上，充分利用中方企业的资金技术和人才储备优势，积极参与缅方油气资源的勘探工作，探讨在缅国内建设加油站、CNG 等能源终端产品项目，以及在皎漂港建设保税区等合作的可能性，拓展利益空间，夯实合作基础。

3. 分散投资风险

充分借鉴鼓励中缅天然气管道项目采取"四国六方"分散风险的创新投资模式，和其他国家（地区）企业共同参与中缅投资合作项目，降低股份单一化导致的风险集聚，尽量避免无谓沦为其当下"民主化""民族化"的牺牲品；通过置换股权给缅本国企业或外国企业，以降低中资企业股份过度集中的政治风险，同时还可通过此多方合作机制实现相互制衡，实现由"双赢"（中方与缅军方）向"多赢"（中方、缅军方、缅国内第三方、国际第三方）格局的转变。

缅甸新政府的政治经济政策调整对中缅能源合作的影响及对策研究（主报告）

一　2011 年以来缅甸新政府政治经济改革的动因及主要内容

（一）新政府政治经济改革的动因

1. 在政治上，军政府长期执政，导致新政府的行政治理能力低下，法治建设落后，新政府改革的目的是提高其执政能力，巩固其政治合法性

新政府机构行政效率低下，法治水平落后。长期以来缅甸都是由军人直接或者间接执政，吴登盛政府虽然是民选政府，但政府内部职位多由军人担任，行政效率低下。[①] 一方

---

① 王思祺：《吴登盛：从缅甸最后的军人总理到首任文人总统》，人民网，2011 年 4 月 15 日，http：//world.people.com.cn/GB/14402828.html。

面，军人容易受到部队的等级制度、命令服从制度的影响，使得大多数政府的管理人员缺乏工作的主动性和创新性，更多的人会墨守成规；另一方面，政府人员不懂技术，因为政府机构里的高级领导多半出身于军事院校或者根本没有教育背景，他们拥有的是军事能力，但缺乏行政管理尤其是经济管理方面的知识。在法治建设方面，缅甸法治建设十分落后。① 自 2002 年以来，在世界银行治理指数排名中，缅甸在法治方面一直排在 213 个国家中最后的 5%。在 2011 年世界银行发布的治理指数中，缅甸总得分为 19 分，远低于得分大多在 130 分以上的东盟邻国，甚至接近得分仅为 14 分的朝鲜。②

改革是巩固新政府执政合法性的需要。尽管在 2010 年大选中，有军方背景的联邦巩固与发展党（以下简称"巩发党"）胜出，并组建了新政府，但选举结果一直遭到外界和缅甸国内反对势力以及部分民众的质疑，危及缅甸新政府的合法性。政治合法性标准通常包括程序正义和统治效果两方面，新政府程序正义问题已经解决，只剩下统治效果问题，而统治效果问题的核心在于解决民生问题。新政府只有推行

---

① 何桂全：《缅甸吴登盛政府改革评析》，《国际问题研究》2012 年第 6 期，第 105 页。

② World Bank, "Worldwide Governance Indicators: Country Data Reports," http://info. worldbank. org/governance/wgi/sc_ country. asp.

切实可行的经济改革，使人民生活水平不断提高，政府的执政能力才将得到提升，从而提高百姓对新政府的支持度与信任度。

2. 在经济上，缅甸经济发展长期乏力，民生问题严重，危及新政府的执政基础

虽然缅甸有丰富的自然资源，军政府的经济体制改革与对外开放政策也取得了一定成果，但因经济基础差、市场体制不完善，加之军政府的经济垄断和长期的国际制裁，改革开放的成效仍然不够显著，缅甸仍是世界上最不发达的国家之一。① 从产业结构来看，缅甸的产业结构还是传统的农业经济占主体，工商业发展比较缓慢，服务业水平落后，私营经济规模小，技术水平发展程度具有典型的不发达国家的特征。② 从对外贸易发展来看，缅甸对外贸易的发展情况与产业经济不发达是相对应的。因为缅甸主要出口的是资源型的初级产品，进口的却是工业品，从出口的商品来看，天然气和农产品占据了缅甸出口额的大部分，而一些机械工业品、运输设备和日用消费品的进口占据了进口

---

① 王卫：《缅甸军政府的转型及其前景展望》，《东南亚研究》2012 年第 4 期，第 33 页。

② 宋清润：《缅甸经济改革的前景》，凤凰网，2012 年 7 月 31 日，http：// news. ifeng. com/gundong/detail_ 2012_ 07/31/16426498_ 0. shtml。

额的一半以上。从吸引外资来看，在缅甸军政府执政的 20
多年里，由于投资环境差和西方国家的经济制裁，缅甸吸
收外资的能力相当有限，每年的外资投入不过 10 亿美元，
并且由于受到国内武装冲突的影响，外来投资也无稳定
来源。①

经济发展缓慢直接导致缅甸民生凋敝。美国 CIA 的数据表
明，2007 年，约 32.7% 的缅甸国民位于贫困线之下，2011 年
缅甸人均 GDP 按购买力计算为 1400 美元（若按汇率计算则
为 795 美元），在世界排名第 203 位。② 联合国《2011 年人类
发展报告》表明，2011 年缅甸人类发展指数为 0.451，在 187
个国家中排名第 149 位，属于"低人类发展水平"一类；全
国约 9.4% 的人口为"严重贫困"；5 岁以下儿童中，发育迟
缓的占 40.6%，体重不达标的占 29.6%，死亡率约为 7.1%；
每百万人口中，约有 290 人死于自然灾害的冲击——各项指标
均远高于其他国家。③ 民众对社会现状的不满，危及缅甸新政
府执政的社会基础和合法性，迫使吴登盛政府内部也临危思
变，实施改革。

---

① 任琳：《中国在缅甸投资　这些政治风险不得不防》，腾讯网，2015 年 3 月
25 日，http：//finance. qq. com/a/20150325/034574. htm。

② 王卫：《缅甸军政府的转型及其前景展望》，《东南亚研究》2012 年第 4 期，
第 34 页。

③ 以上数据来自联合国《2011 年人类发展报告》，2011 年 11 月 8 日，http：//
www. un. org/zh/mdg/report2011 /pdf/report2011. pdf。

3. 在外交上，吴登盛政府希望通过改革改善与西方国家的关系，换取西方国家解除对缅甸的长期制裁，借此重新融入国际社会，拓展缅甸生存空间

一方面，新政府改革的目的是换取西方国家对其的认可，塑造在国际社会中的合法性，改善与西方国家的关系。尽管缅甸的新政府有了西方民主的外衣，但依然缺乏西方国家所认可的西式民主的内涵。因此，尽管缅甸对外宣布进行民主化改革，但吴登盛政府的合法性仍然遭到西方国际社会的普遍质疑。通过改革来争取西方国际社会的认可，塑造新政府在国际社会中的合法性，借此重新融入国际社会，为缅甸未来的发展拓展必要的国际空间，是缅甸新政府改革的主要目的之一。

另一方面，通过民主化改革来摆脱西方国际社会的长期制裁，争取外援，吸引外资，是新政府改革的又一动力。多年来，西方制裁是缅甸无法拓展国际空间、融入国际体系的主要障碍，随着全球化的深入发展，长期以来脱离国际社会的"孤岛"式的生存方式难以为继，缅甸经济发展乏力。[1] 由于西方的制裁，缅甸在很长的一段时间里与西方国家经贸关系处

---

[1] 韩硕、丁刚：《缅甸加速改革吸引外资　西方制裁仍是主要障碍》，中国新闻网，2012年2月28日，http://www.chinanews.com/gj/2012/02-28/3702743_2.shtml。

于相对隔绝的状态，经济发展也相对封闭。西方制裁不仅让缅甸失去了西方国家的出口市场，而且无法获得西方国家先进的科学技术和资金支持，只能局限于与部分亚洲国家进行经济交往，经济发展一直相对迟缓。经济贫穷落后、基础设施缺失、失业人数与日俱增，这些都严重困扰着缅甸新政府。[①] 新政府在外交上的主要任务就是尽量消除西方国家对缅甸的经济制裁，为缅甸的经济发展营造一个良好的外部发展空间，争取外援，吸引外资，把缅甸打造成一个对外开放、投资环境优良的市场。

（二）新政府政治经济改革的主要内容

1. 政治改革的主要内容

（1）解除对市民社会和一些新闻媒体的控制

新政府上台后，缅甸解除了对体育、娱乐和彩票、期刊等的审查，建立了政府发言人制度，放宽了对新闻刊物的审查，允许民众和平示威、工会合法存在等，停止在媒体上刊登攻击西方的口号，取消对一些刊物的审查和网络封锁，放松新闻检查，允许私人办报，放松出版审查，提高新闻、报纸、杂志的自由度，减少对私营媒体的控制，公开议会过程，允许议员和

---

① 杨保筠：《缅甸：在改革开放中谋求稳定与发展》，《新视野》2013 年第 6 期，第 116 页。

媒体批评政府的政策和做法。[①] 新政府还允许西方媒体在缅甸建记者站，允许一些外国记者旁听和采访议会的一些会议和报道。缅甸新政府表示未来将逐步放宽对电影和录像的审查，不过新闻媒体还必须继续接受严格的审查，但新政府许诺会逐步放宽新闻审查。[②] 此外，新政府还解除了对国外网络和媒体的封锁。从 2011 年 9 月开始，Facebook、Twitter、BBC、You Tube、缅甸民主之声和美国之音等国外网站都能上网浏览。[③] 2011 年 12 月 9 日缅甸政府公布了新法规，共计 54 种商业期刊和书籍无须在出版之前经过政府审查，同时还通过了新的媒体法律。

（2）减少对政治领域和社会层面的控制

在政治领域方面，新政府迄今已经释放了所有的"政治犯"，其中有很多重量级人物，包括一些"民地武"的前领导人、反对党领导人、1988 年学生运动的领袖、2007 年僧侣示威活动的组织者以及 2004 年被废黜的前总理钦纽。[④] 值得一提

---

① 祝湘辉、李晨阳：《2011 年的缅甸：在改革中前进》，《东南亚纵横》2012 年第 2 期，第 17 页。

② 祝湘辉、李晨阳：《2011 年的缅甸：在改革中前进》，《东南亚纵横》2012 年第 2 期，第 17 页。

③ 祝湘辉、李晨阳：《2011 年的缅甸：在改革中前进》，《东南亚纵横》2012 年第 2 期，第 17 页。

④ 马燕冰：《缅甸民主化动真格，美国怎么办?》，《世界知识》2012 年第 4 期，第 24 页。

的是，2011 年 11 月 15 日，曼德勒 5 名僧侣因抗议当局继续关押余下的"政治犯"而举行了示威活动，得到了几百名当地民众的支持，政府也没有对这次僧侣的抗议进行镇压。在社会领域方面，消除贫困是缅甸新政府的四大着力点之一。① 2011 年 8 月 17 日，政府公开呼吁流亡国外的民主人士回国帮助重建经济，政府将与这些人士合作，而不是追究罪责。政府还重新批准国际红十字会人员到缅甸监狱进行探视，仰光等省邦对赌博、违法 KTV、路边设摊、学校乱收费等情况进行了整顿；9 月 5 日，缅甸成立了国家人权委员会，由 15 名退休的官员和学者组成，政府表示该组织将独立运作。② 缅甸还于 10 月 11 日通过了《劳工组织法》，规定工人可以组织工会并有罢工的权利，给工人以罢工自由，这也是缅甸 1962 年以来首次允许罢工。12 月 2 日，缅甸通过了《和平集会游行法》，规定示威者可以手持旗帜和政党标志在政府大楼、学校、医院和大使馆以外的地方进行示威、游行和集会，只是要求参与游行示威者在活动前 5 天向政府提出申请并获得政府部门的同意。③ 同时，新政府还起草新劳工法，颁布工会法，允许工会合法

---

① 祝湘辉、李晨阳：《2011 年的缅甸：在改革中前进》，《东南亚纵横》2012 年第 2 期，第 17 页。

② 祝湘辉、李晨阳：《2011 年的缅甸：在改革中前进》，《东南亚纵横》2012 年第 2 期，第 17 页。

③ 祝湘辉、李晨阳：《2011 年的缅甸：在改革中前进》，《东南亚纵横》2012 年第 2 期，第 17 页。

存在。

（3）缅甸新政府加快与反对党民盟的和解步伐

2011 年 8 月 12 日，劳工部前部长吴昂基与昂山素季经过会谈之后达成了四点协议，其核心内容是为了国家的安定和发展，民盟将与政府在政治、经济和社会领域加强合作，并公开宣布其领导的民盟与缅政府进入和解进程。[①] 8 月 19 日，吴登盛总统与昂山素季在内比都举行了一个小时的会晤，这是十年来缅甸最高领导人首次会见昂山素季。次日，昂山素季还参加了在内比都国家会展中心举行的经济发展研讨会，并与边境与少数民族事务部登铁少将、社会福利与救济安置部部长兼劳工部部长吴昂基等人交谈。9 月 30 日，吴昂基再次会见昂山素季，吴昂基表示欢迎民盟依法进行登记。11 月 4 日，吴登盛总统批准修改现行《政党注册法》，取消对政党注册以及参选人背景的诸多限制，为民盟重新合法注册和昂山素季参与政治扫除了法律上的障碍，使民盟能够重新登记参选。[②] 11 月，民盟获准重新登记注册，并准备参加定于 2012 年 4 月举行的议会补选，昂山素季也正式登记参选。11 月 25 日，民盟按照新修改的《政党注册法》正式向缅甸联邦选举委员会提交政党

---

① 祝湘辉、李晨阳：《2011 年的缅甸：在改革中前进》，《东南亚纵横》2012 年第 2 期，第 18 页。

② 祝湘辉、李晨阳：《2011 年的缅甸：在改革中前进》，《东南亚纵横》2012 年第 2 期，第 18 页。

重新注册申请。12 月 23 日，时任人民院议长吴瑞曼和民族院议长吴钦昂敏分别在内比都议会大厦内接见了昂山素季。[①]2012 年 4 月 1 日的议会补选中，民盟获得 43 个席位，昂山素季顺利当选为议员。

（4）外交上由"一边倒"向更为务实的平衡外交发展

新政府上台以来，不断调整自己的外交倾向，在外部环境得到极大改善的前提下，新政府开始逐步调整此前对中国"一边倒"的外交倾向，寻求更为广泛的国际空间。一方面，积极恢复与联合国、世界卫生组织、世界银行等国际机构的联系；另一方面，大力恢复并发展与西方国家的关系，努力使缅甸与西方国家的关系正常化。调整外交倾向后的缅甸新政府开始在东西方之间采取更为务实的平衡外交政策，外交取向灵活多样，以确保缅甸国家利益的最大化。

2. 经济改革的主要内容

（1）调整经济管理结构

在缅甸新政府的经济改革过程中，重要的一环就是关于经济管理机构的调整，它体现出缅甸新政府改革的决心。具体的措施表现在改组了落后的经济管理机构，新设置了投资咨询的

---

① 《〈缅甸信息月报〉特刊 2011 年缅甸信息汇编（续）》，缅华网，2012 年 10 月 30 日，http：//www. md - zw. com/forum. php？ mod = viewthread&tid = 4070。

服务机构，清除了保守派高官，重用了国家改革派人士；经过
一系列的人员调整，增强了改革派的力量，也提高了政府决策
的科学性，增强了官员的服务意识，提高了官员的办事效
率。① 为了增强决策的科学性，吴登盛总统在 2011 年 4 月 11
日成立了一个由 9 人组成的顾问组，该顾问组包含政治顾问
组、经济顾问组和法律顾问组三个顾问组。② 新政府执政以后
取消了专门审批发放进出口贸易许可证的贸易委员会（TC），
现在进出口许可证由联邦商务部负责审批，进一步简化了审批
手续，增强了时效性。③ 缅甸还合并了电力一部和电力二部、
一工业部和二工业部，提高了政府的工作效率，增强了政府对
国家管理的控制力。联邦议会也设立多个涉及经济和民生的委
员会，如改革与发展委员会、银行和金融发展委员会、计划和
财政发展委员会、经济贸易发展委员会等。这些委员会的成立
将集合议员和专家的力量，加快关键产业的发展，提高缅甸决
策的科学性。④ 此外，在 2012 年 9 月，新政府对内阁进行了重

---

① 宋清润:《缅甸经济改革的前景》，凤凰网，2012 年 7 月 31 日，http://
news. ifeng. com/gundong/detail_ 2012_ 07/31/16426498_ 0. shtml。

② 《缅甸联邦总统成立 9 人顾问小组》，商务部网站，2011 年 5 月 5 日，ht-
tp://www. mofcom. gov. cn/aarticle/i/jyjl/j/201105/20110507533670. html。

③ 《缅甸取消贸易委员会简化进出口审批手续》，商务部网站，2011 年 5 月 3 日，
http://www. mofcom. gov. cn/aarticle/i/jyjl/j/201105/20110507529389. html。

④ 宋清润:《缅甸经济改革的前景》，凤凰网，2012 年 7 月 31 日，http://
news. ifeng. com/gundong/detail_ 2012_ 07/31/16426498_ 0. shtml。

大的调整，一些支持改革、表现突出的人士和军方人员被委以要职，以此来增强政府的活力和执行力；重设投资委员会，实现了"一站式"服务，进一步提高了工作效率；缅甸央行将脱离财税部而单设的举措，昭示缅甸接下来将对银行业进行新的调整，提高中央银行的自助能力，为之后银行金融业的改革和调整做好铺垫。①

（2）明确传统产业目标

吴登盛从上台之日起，就非常注重经济政策方面的调整，制定了许多惠农、利农的政策，努力提高民族工业的竞争力与经济效益。在民生方面，新政府也提供给农民与工人以及其他劳动者更多的帮助。在制定宏观经济政策的同时，政府立足经济改革，努力实现不同行业、不同产业的协调发展。缅甸新政府于 2011 年 8 月 22 日在内比都召开了国家经济发展改革工作研讨会，吴登盛总统在会上强调各级政府应该成立委员会，按照行动计划从八个方面开展工作，缅甸的经济发展目标应该由"以农业为基础全面发展其他领域经济"转变为"进一步发展农业、建立现代化工业国家、全面发展其他领域经济"。② 此目标表明，新政府将宏观政策重

① 《〈缅甸信息月报〉特刊 2011 年缅甸信息汇编（续）》，缅华网，2012 年 10 月 30 日，http：//www.md－zw.com/forum.php? mod＝viewthread&tid＝4070。

② 李艳君：《西方国家放宽经济制裁背景下的缅甸经济发展前景》，《东南亚纵横》2012 年第 11 期，第 7 页。

心逐渐转移到经济建设上，努力把缅甸建设成一个现代的工业化国家。在农业方面，缅甸将以解决农村发展和农村贫困问题为重点，通过相应的惠民政策的推动，真正实现农业快速增长，最终提高农民的生活水平，切实解决国内的农业问题。在工业方面，缅甸将狠抓工业这个薄弱环节，以提高工业化的水平和产值作为未来工业发展的努力方向，把提高国家的整体工业水平作为当前经济建设的重要目标。

（3）降低进出口关税，积极吸引外资

为了发展出口贸易和应对美元兑换缅币市场价的持续走低，吴登盛政府通过降低贸易税率来刺激缅甸的大米出口，2011 年 7 月，缅甸商务部宣布将出口税率降至 7%。9 月，缅甸财税部采取措施，先后减免了大米、豆类、橡胶等 10 种商品的出口贸易税，此举保障了农民、商人等从业者的利益，将极大地拉动国家经济的发展。① 而缅甸财税部为了继续鼓励出口，还发布公告称该项政策将继续延期。为了进一步吸引外资，2011 年时任缅甸计划发展部部长吴丁乃登表示，一些工业设施的建设只要对环境和当地群众不造成伤害，国内的农业都将允许外国私营企业进行投资。缅甸还对外国投资者给予 8 年免税待遇；外国人在缅甸租地最长可达

---

① 宋清润：《缅甸经济改革的前景》，凤凰网，2012 年 7 月 31 日，http：//news. ifeng. com/gundong/detail_ 2012_ 07/31/16426498_ 0. shtml。

30 年，还可延长两次，每次最长 15 年；缅甸将批准外国隐性投资合法化，也就是说外商对在缅甸投资的项目可以拥有 100% 股权，不再必须与缅甸人合资，这将进一步增强外商投资缅甸的动力；政府保证不收归国有，以消除投资者隐忧；国内外企业可以完全拥有出口权，服务业的 70% 向外资开放；取消对进口贸易 3.5% 的所得税等。① 在油气投资领域，新政府于 2012 年 7 月首次公开向国外开放 23 个近海油气区块，合作的方式为缅甸的国有石油天然气公司需占 15% ~ 25% 的股权。外企有 6 年以上的勘探、开采权及运转初期享受 3 年免税，旨在吸引外国知名油气公司参与缅甸近海油气开采。②

（4）改革金融、汇率体系

新政府上台后充分利用国家的内、外两种资源，按照国际金融的标准对本国的金融和汇率体系进行了调整，提高了缅甸与国际经济的接轨程度。同时，对个人外币所得税的调整也使那些个体手工业者的收入明显增加，提高了生活水平。为了刺激缅甸的金融市场，增加缅币的流通量，2011 年 9 月 2 日政府出台的新政策规定银行的存款利息由原 12% 下

---

① 《缅甸将给予外国公司 8 年免税待遇》，商务部网站，2012 年 2 月 25 日，http://www.mofcom.gov.cn/aarticle/i/jyjl/j/201202/20120207983337.html。

② 《缅甸首次向国外开放 23 个近海油气区》，商务部网站，2012 年 7 月 24 日，http://www.mofcom.gov.cn/aarticle/i/jyjl/j/201207/20120708248658.html。

调至 10%，贷款利息由原 17% 下调至 15%。[①] 银行体系是一个国家重要的金融体系，缅甸的银行体系主要由中央银行、国有商业银行、私营银行构成。截至 2010 年私营银行达到了19 家，这些银行在全国开设了 350 多家分行，已经成为缅甸银行业的重要组成部分。[②] 2011 年 11 月政府批准了包括甘波扎银行、CB 银行在内的 11 家私营银行开展国外的汇兑业务。2012 年 5 月这 11 家银行根据规定正式开展外汇业务，此举有助于缅甸建立起稳定的外汇流通体系，稳定金融市场的秩序。2012 年，缅甸新政府放宽了外汇兑换政策，从 2 月 1 日开始，在政府指定的外汇兑换处和私人银行兑换 1 万美元以内无任何限制，而此前兑换外汇时，外国人须出示护照，超过 2000 美元还必须提交海关证明，不仅如此，缅甸国民还必须提交外汇的来源说明，购买美元必须提供用途证明。[③] 自2012 年 4 月 1 日起，国家政策调整后，允许外国人入境携带美元现钞上限规定为 1 万美元。2012 年 3 月通过的外资法修正草案，对外商投资提高了税收优惠，减少了限制，加强了保护。在国际货币基金组织和世界银行的技术支持

---

① 祝湘辉、李晨阳：《2011 年的缅甸：在改革中前进》，《东南亚纵横》2012年第 2 期，第 20 页。

② 夏德锐：《投资缅甸仍需谨慎》，《云南信息报》2012 年 4 月 16 日。

③ 中信保：《缅甸投资与经贸风险分析报告》，《国际融资》2013 年第 2 期，第 61 页。

下，从 2012 年 4 月 1 日起，缅甸实行有管理的浮动汇率制，使长期抑制外国投资和对外贸易、阻碍经济增长的双重汇率制得以统一。① 缅甸汇率稳定后对外商投资的吸引力将大大增强。新的货币体系将有助于优化缅甸的投资环境，增强境外投资者投资缅甸的信心，从而进一步加快缅甸经济的发展。

（5）调整或颁布法律法规

缅甸的经济缺乏活力，法律制度死板陈旧。以灵活的方式解决缅甸经济发展的瓶颈，从立法的角度保护投资者的利益，就是缅甸新政府必须考虑的问题。一直以来缅甸的经济发展方式落后，法律体制不健全，成为经济发展最大的障碍。② 2011 年缅甸颁布了首部《缅甸经济特区法》，指定政府机构、社会团体相关人员组建土瓦特区管委会，并开始筹建土瓦等一批经济特区。③ 为了进一步吸引外资，2012 年缅甸议会审议通过了新的《外国投资法》。相对于旧版法律，两部新法有了更多的优惠政策：经济大多数领域向外资开放，给予外国投资者 8 年免税期，简化投资手续；外国人在缅甸租地

① 杜兰：《转型后的缅甸：中美博弈新战场》，外交观察网站，2014 年 12 月 30 日，http：//www.faobserver.com/NewsInfo.aspx？id＝10867。

② 宋清润：《缅甸经济改革的前景》，凤凰网，2012 年 7 月 31 日，http：//news.ifeng.com/gundong/detail_ 2012_ 07/31/16426498_ 0.shtml。

③ 《缅甸土瓦经济特区管委会办公处开工建设》，商务部网站，2011 年 3 月 31 日，http：//www.mofcom.gov.cn/aarticle/i/jyjl/j/201103/20110307477076.html。

最长可达 30 年，还可延长两次，每次最长 15 年；外商对在缅甸投资的项目可以拥有 100% 股权，不再必须与缅甸人合资；经济特区的投资项目在批准投资的期限内，政府保证不收归国有，以消除投资者隐忧；国内外企业可以完全拥有出口权，服务业的 70% 向外资开放。此外，政府和议会还积极推动出台《证券交易法》，借助韩国、日本等国的帮助，将筹建股市，帮助企业融资。新政府还降低或免除部分产品的贸易税率，允许企业以市场汇率兑换外币。这些法律的通过将对缅甸的经济产生深远的影响，符合时代发展的要求。此外，新政府也认识到要均衡经济发展与环境保护的关系，实现二者的有效结合。2012 年 3 月 30 日，缅甸颁布《环境保护法》，该法由联邦议会通过并由前总统吴登盛签署，至此缅甸的环境保障真正地上升到了法律的高度，法律内容方面，对很多的环境问题和相关的职责分工等做了详细的阐述。①

（6）重视民营经济，推行私有化改革

缅甸在推行私有化的过程中，政府放宽了对能源、农业、通信等领域的控制，采取有效的措施提高上述行业的私有化程度，推动私有化经济的发展，为经济的发展增添活力。② 缅甸

---

① 《缅甸颁布〈环境保护法〉》，商务部网站，2012 年 4 月 5 日，http：// www. mofcom. gov. cn/aarticle/i/jyjl/j/201204/20120408051087. html。

② 宋清润：《缅甸经济改革的前景》，凤凰网，2012 年 7 月 31 日，http：// news. ifeng. com/gundong/detail_ 2012_ 07/31/16426498_ 0. shtml。

国有工厂历年普遍亏损，每年要耗费国家大量的财政补贴。新政府在 2011 年加快推进私有化的改革进程中，采取出售、租赁等灵活的方式，实施了自 1995 年以来最大规模的私有化行动。未来缅甸的国有工厂将逐步减少，私营企业将越来越多，最终将全部私有化。不仅如此，吴登盛政府向私营企业还开放了更多的经济领域，如私营企业可自由进口汽油，企业直接向贸易政策委员会申请即可。在农业方面，政府适度放宽了对国内大米行业的严格管制，主要包括许可私营出口商出口大米，随后还颁布措施允许那些非政府机构的大米行业协会和组织向包括农民和面粉厂主在内的从业人员提供融资。① 此外，新政府在改革中特别注意国家的基础设施工程的调整，广泛地吸收社会的资金，把这些基础设施与公共服务的经营权转交给私人企业，使这些惠民工程的建设更加富有动力，最终提高国家的财政收入。

（7）注重改善民生

吴登盛政府自上台以后非常重视民生问题，把改善民生问题视为政府工作的重中之重。改善民生问题的重点是增加对教育和卫生领域的投入。2011 年 6 月底，吴登盛政府宣布增加 2010 年 1 月 1 日前退休公务员的退休金，每月最低退休

---

① 《缅甸适度放宽大米行业出口及融资管制》，商务部网站，2010 年 8 月 6 日，http://www.mofcom.gov.cn/aarticle/i/jyjl/j/201008/20100807067044.html。

金由 750 缅元提高到 2 万缅元。① 与上一财年相比，2012 ~ 2013 财年预算中教育投入增加了 3 倍，卫生投入增加了 2 倍，而军费开支则相对下降了，其占总预算的比例由 23.6% 降到 14.9%。② 此外，政府还制订了一系列发展计划，包括优先发展电力、农业、能够增加就业的中小型企业以及工业区。而为了解决缅甸工人的待遇问题，新政府出台了《新工会法》和《新劳工法》，新法规定了劳工工资的最低标准，这对于维护缅甸工人的利益将起到重要的作用。

（8）颁布新能源政策

2015 年 1 月 7 日，缅甸能源部公布了国家能源政策条例，主要内容有：采取使自然环境与社会环境受到最低影响的措施，开发前景看好的能源自然资源；以科学的、有把握的能源知识为基础，为国家长短期能源发展提出适合的建议措施；依据国家经济政策改革计划，批准私有资本参与国有能源企业，并为私有资本参与国有能源企业制定必要的法律、实施条例、规则等；采取措施掌握准确的国内能源需求量与供应量数字；

---

① 何桂全：《缅甸吴登盛政府改革评析》，《国际问题研究》2012 年第 6 期，第 100 页。

② "Health, Education in Line for Increase," *Myanmar Times*, Volume 31, No. 613, February 6 – 12, 2012; Joseph E. Stiglitz, "Unconventional Economic Wisdom: Burma's Turn," *The Edge Malaysia*, March 12, 2012.

将开采到的能源供应到包括能源生产地区在内的全缅各地区；为了缅甸能源得以持续发展，将普遍开发风能、太阳能、水力、地热与生物能等可再生能源；提高能源使用率，并提倡能源节约；成立能源研究、开发等机构，以便按照国际标准勘探、开发能源和生产高质量能源；在能源领域开展国际合作；为了保护能源生产商和能源消费者的合法权益，将制定能源价格标准及相应政策。

（9）制定电力发展总体规划

缅甸当前电力开发主要有三种模式：国家开发、私营企业投资开发（采用 BOT 模式）及与外国合资开发（JV/BOT）。国家开发的电力项目总装机容量为 163.2 万千瓦，私营投资项目总装机容量 19.64 万千瓦，与外国公司签署 JV 协议的项目总装机容量 1380 万千瓦。此外，签署 MOA 的项目共 19 个，总装机容量 1697 万千瓦；已经签署 MOU 并正在进行评估的项目 9 个，总装机容量 3878 万千瓦；准备签署 MOU 的 JV/BOT 水电项目 2 个，总装机容量 29.5 万千瓦；准备签署 MOU 的 BOT 水电项目 2 个，总装机容量 9.5 万千瓦；可行并计划实施的项目有 4 个，总装机容量 64.6 万千瓦。2014 年缅甸已制定了电力发展总体规划，其中包括"稳定、廉价、最大程度减少自然和社会环境影响"等 3 项原则，除继续完成建设周期短、发电和环保技术先进的燃煤电站项目外，还将重视发展水电和其他新能源。

二　缅甸政局下一步的发展趋势及 2015 年大选

（一）缅甸民主化进程的发展趋势

1. 缅甸的民主化进程近期内不可逆转，但一帆风顺的可能性甚小，缅甸政局总体平稳中有动荡

缅甸的民主化改革体现了缅甸七步走民主路线图的特征，同样也是军人政权在国内、国际的压力下，按自己的步伐主动走向开放和转型的一个典型案例。国际社会对新政府从怀疑到持比较乐观的态度，接触、鼓励新政府向更开放的方向前进已是包括西方在内的国际社会的基本共识。[①] 但是，当改革进入深水区时，是否会遭到国内既得利益者的反弹仍然会是未来缅甸政局发展的一个变数。

2. 2015 年大选是缅甸政治转型实现软着陆的关键

从理论上来讲，在 2015 年大选中，缅甸军人和政府能够保持中立，选举委员会能够发挥很好的组织作用，各政党能够都遵守民主的游戏规则，是新的大选达到自由、公正、公平标

---

① 李晨阳主编《缅甸国情报告 (2011 ~ 2012)》，社会科学文献出版社，2013，第 45 ~ 65 页。

准的关键。如果民盟在新的大选中赢得多数议席，之后顺利实行权力的交接又是至关重要的。[①]

(二) 2015 年缅甸大选

为了确保 2015 年大选能自由公正地举行，缅甸联邦选举委员会与有关国际组织合作，在 2014 年举行了多次研讨会，就各政党遵守相关法律和行为准则、提高选民投票意识等进行讨论。

修宪是大选前缅甸的焦点议题。昂山素季在 2014 年 4 月中旬访问德国和法国期间，为呼吁国际社会为支持缅甸修宪而努力。11 月 14 日，美国总统奥巴马访缅，支持昂山素季的修宪诉求。2015 年 4 月 10 日，前总统吴登盛与昂山素季等举行六方会谈，商讨修宪事宜。6 月 10 日，巩发党向联邦议会提交了《修宪草案》。6 月 25 日，联邦议会投票，该法案中有关总统任职资格和修改宪法门槛条款未获得 75% 以上支持率而未通过，昂山素季无法担任总统。[②] 随后，昂山素季宣布如胜选后将在"总统之上"领导缅甸。

2015 年 7 月 8 日，选举委员会宣布 11 月 8 日举行全国大选。

---

① 李晨阳主编《缅甸国情报告 (2011~2012)》，社会科学文献出版社，2013，第 45~65 页。

② 《缅甸军方否决修宪草案昂山素季无缘总统大选》，中国新闻网，2015 年 6 月 26 日，http://www.chinanews.com/gj/2015/06-26/7366773.shtml。

7月11日，巩发党和民盟分别发布大选动员令，公布本党的大选参选人名单。大选前一个月，大选委员会宣布因克钦邦、克伦邦、孟邦、掸邦、勃固省34个地区处于混乱状态，无法举行选举。

11月8日，缅甸约3350万名合法选民在4万多个投票站进行投票，91个政党候选人和独立候选人共6038人竞选各级议会的1100多个议席，巩发党和民盟均推举了1100多名候选人展开全面竞争。11月20日，联邦选举委员会公布了最后计票结果：民盟获得390个席位，占比79.4%，巩发党获得42个席位，占比8.5%，若开民族党获得22个席位，掸民族民主党获得15个席位，德昂（崩隆）民族党获得4个席位。[①]新一届联邦议会于2016年2月1日举行首次会议，3月15日吴廷觉当选总统。3月30日，新旧政府完成政权交接。

三 缅北"民地武"问题的现状及其发展趋势

（一）缅北"民地武"问题的现状

2011年新政府上台，便以推动签署全国停火协议为目标，综合施策，多方努力，但仍未实现在其五年任期内签署协议的

---

① "NLD Wins Absolute Majority in Parliament", *Myanmar Times*, November 13, 2015, http：//www. mmtimes. com/index. php/national – news/17623 – nld – wins – absolute – majority – in – parliament. html.

愿望，反而被各民地武组织抓住当局急于签署停火协议的迫切心理，加大要价，拖延谈判时间，更多地争取利益。由于2015年是缅甸大选年，各方力量围绕修宪和选战博弈激烈，执政集团为巩固国内形势、集中精力与民盟交锋，大选前当局本打算以怀柔方式对待缅北民地武组织，谋求签署全国停火协议，即使不能实现所有组织共同签署，也会争取其中一部分组织先签。

然而2015年2月以来，彭家声的果敢同盟军武装反攻老街，打乱了缅甸政府的设想，地区局势陷入危机，缅甸民地武问题出现了一些新变化。一方面，缅北地区交火冲突不断。为寻求合法化地位，果敢同盟军与政府军发生新的激烈冲突，缅北局势进一步复杂化。另一方面，缅北冲突促使各民地武加强联合。2015年5月1日至6日，在果敢地区局势紧张的情况下，佤联军在总部邦康召开少数民族组织领导人大会，邀请克钦独立军、掸邦军、果敢同盟军、德昂民族解放军等组织领导人参加。会后发表的公报声称：要通过政治对话方式终止内战，包括果敢同盟军在内的仍与政府军交战的少数民族武装组织也要加入谈判；强烈要求政府军立即停止军事进攻；各少数民族组织共同组建代表团与政府进行政治谈判；一致要求修改2008年宪法建立真正的联邦制国家；欢迎联合国和中国参与缅北地区的和平工作。这些要求与缅甸中央政府的意愿相距甚远，显示出缅北各民地武出于自身利益而加强联合，集中抬高要价的强烈意愿。

（二） 缅北民地武问题的发展趋势

应该说，近年来，缅北地区局势不断向复杂化、敏感化发展，特别是围绕缅北民地武组织的改编斗争、资源控制权斗争有愈演愈烈之势。对未来一段时期缅北民地武组织的生存前景，有以下几个可能的判断。

其一，各方通过谈判解决缅北民地武问题的立场不会改变。民地武与缅甸政府军实力对比悬殊，缅甸政府为确保2015 年年底大选顺利举行，着力推动民族和解的立场没有动摇，绝大多数民地武组织认识到停火谈判是唯一出路，武装斗争不过是抬高谈判要价的手段，不会过度对抗引发大规模冲突，招致政府军的毁灭性打击。

其二，缅北民地武问题的解决将是长期复杂的过程。双方短期内实现真正的和解难度非常大。缅甸政府与各民地武组织的停火协议谈判回避了实质问题，未来政治谈判将围绕政治地位、部队改编、控区划分等核心问题，加之克钦独立军、佤联军等民地武组织具备相当实力，在自身诉求不能得到满足的情况下，不会轻易妥协，双方谈判可能旷日持久。

其三，缅北民地武组织与政府军的冲突将持续反复。民地武组织和政府军都不会放弃"以武谋利"的想法，缅北民地武问题的解决过程，将是一个边打边谈的过程。从缅军角度看，缅北地区持续动荡，有利于维护军方特权和利益；从"民地武"组织角度看，可以通过与当局的打谈周旋实现利益最大化。此外，还需要注意的是，缅军高层立场较为强硬，对吴登盛政府力推的民族和解态度微妙，未来如果政局发展危及军人集团利益，缅军可能借缅北"民地武"问题主动挑事、大打出手。

其四，缅北民地武组织自身状况不佳使其发展存在不确定性。从各"民地武"组织领导层看，多年的和平建设，使缅北民地武组织高层多沉迷于个人经济利益的争夺，对武装力量建设的重视程度大不如前；从"民地武"自身战斗力看，既缺少高水平的军事指挥官，又面临武器装备老化、重武器和弹药配件缺乏的窘境；从各民地武之间的协作看，虽然加强了联合，但在关键时候能否发挥作用还存在变数。

四　缅甸政治经济改革及缅北"民地武"问题对中缅能源合作的影响

缅甸的政治、经济改革是缅甸民主化的标志，从长远来看，一个开放的、民主的、稳定的、法律健全的且与国际接轨的缅甸有利于中国在缅投资安全。但缅甸政治经济改革尚处于初级阶段，改革中的不确定因素较多，必然对中缅能源合作带来一些影响。

（一）政治改革对中缅能源合作的影响

1. 缅甸政治生态的变化给中国在缅投资带来政治风险

2011 年转型之后，缅甸出现了政府、议会、法院、军队和政党等多个权力中心，决策权有所分散，政治生态有所变化。对缅甸的总统、议员和地方行政长官等政治家而言，重要的是民众的选票。目前中国在缅投资项目合同大多是和军政府而不是新政府（"民主政府"）签订的，很容易被一些缅甸人贴上"不透明"、"不公平"和"只对军政府和中国有利，而损害缅甸人民利益"等标签；尽管这种"有罪推定"的做法不合理，对中国企业而言也是不公平的，但这些是真实存在的问题。[①] 为了保证自己的选票，不排除一些政治家、政党会迎合一些民众不理性的看法和观点，采取一些短视的、过激的行动，这是最大的政治风险。[②]

2. 社会公众意识上升对中国企业在缅经营活动带来新要求

缅甸新政府放松对社会控制的举措，带来了缅甸市民社会的

---

① 卢光盛、李晨阳、金珍：《中国对缅甸的投资与援助：基于调查问卷结果的分析》，《南亚研究》2014 年第 1 期，第 28 页。

② 卢光盛、金珍：《缅甸政治经济转型背景下的中国对缅投资》，《南亚研究》2013 年第 3 期，第 49 页。

崛起以及西方非政府组织（NGO）渗透的局面，并造成了缅甸社会的多样化。随着社会空间的扩大，非政府组织、国际非政府组织（INGO）和社区组织（CBO）等各种社会组织如雨后春笋般涌现，这些组织非常活跃，发动了争取人身自由、言论出版自由和民主人权的运动，改变了原来军政府时期的社会生态。① 在这种情况下，中国投资越来越多地受到一些缅甸人的指责，在各种不同的国际场合都能听到一些批评的声音，有些甚至将中国投资者描述成"资源掠夺者"和"环境和传统文化的破坏者"。②

3. 西方企业进驻缅甸对我在缅企业形成新的竞争压力

2011 年 3 月，吴登盛政府上台后开始逐步推行民主化改革，得到西方国家的普遍认可，西方国家也逐步解除对缅制裁，并鼓励西方企业投资缅甸。缅甸在逐步摆脱被孤立的处境后，对中国的战略需求随之减少。西方成熟的公司体制、与国际接轨的网络和道德制高点，对缅甸的吸引力不言而喻，而且不排除缅甸急于吸引美欧国家投资，在项目竞标中倾向于西方公司的可能性。③ 中资企业在这种环境下投资缅甸，必然要付

---

① 祝湘辉：《缅甸新政府的经济政策调整及对我国投资的影响》，《东南亚南亚研究》2013 年第 2 期，第 49 页。

② 卢光盛、金珍：《缅甸政治经济转型背景下的中国对缅投资》，《南亚研究》2013 年第 3 期，第 49 页。

③ 《港媒：缅甸虽与西方靠拢　中国地位无可取代》，环球网，2013 年 5 月 30 日，http：//oversea. huanqiu. com/political/2013 – 05/3986429. html。

出比过去更多的努力。

4. 缅甸平衡外交也有延伸至经济领域的倾向

缅甸的平衡外交不仅表现在政治领域，也表现在经济领域，不想过度依赖中国的思维在精英阶层普遍存在。无论是缅甸的铁路规划和修缮，还是水力水电规划，都反映了缅甸这种倾向。例如，根据 2012 年 2 月签署的有关协议，中国长江三峡集团提供援助，缅甸电力部委托中国水电顾问集团昆明勘测设计研究院对缅甸电力系统进行研究，并编制缅甸电力发展规划；中缅双方经过共同努力，编制完成了《缅甸电力系统规划综合篇》、《电力负荷现状及电力需求预测篇》、《电力系统现状及改进方案篇》和《电力电量平衡及电力网架规划篇》。[①] 这是首部系统反映缅甸目前和未来 20 年电力系统发展的规划报告，得到了缅甸有关部门的好评与认可。如缅方放弃了中方为缅甸制定的电力规划，采用了日本的电力规划。按照日本规划版本，关于未来的缅甸水电开发，大型的水电站已经不在开发之列，其规划有利于日方的投资与合作。未来的电力合作，中方或无法掌握中缅电力合作的主动权。

---

① 张云飞：《中国公司援助缅甸完成国家电力规划报告》，新华网，2014 年 4 月 10 日，http：//news. xinhuanet. com/overseas/2014 - 04/10/c_ 126373441. htm。

（二）经济改革对中缅能源合作的影响

1. 缅甸经济改革进程使中国在缅甸投资面临新挑战

缅甸新政府已经推行了一系列经济改革，对国内经济政策进行了较大幅度的调整，特别强调外国投资对开发资源以保障内需和扩大出口的作用，也明确提出外国投资要用来发展"国家电力及能源等基础设施"。由此看来，电力依旧是缅甸吸引外国投资的重点领域，并不会因为密松水电站搁置事件而出现大的政策变化。不过，对于投资保障方面，新法规虽然避免了项目被缅甸国有化的风险，但也面临缅方以所谓"充足的理由"来搁置项目的风险。[①]

2. 缅甸新政府颁布的环保法和企业责任法规对我国企业提出了更高要求

缅甸新政府上台以来，颁布了一大批新的法律法规。如何吃透这些法律，并以此来指导企业行为，是我国企业面临的新课题。缅甸新的立法越来越注重保护自然资源和环境，如限制对自然资源和环境造成损害、损坏有关民族文化传统、对人民

---

① 卢光盛、金珍：《缅甸政治经济转型背景下的中国对缅投资》，《南亚研究》2013年第3期，第50页。

身体健康造成影响的投资。①

3. 缅甸自身能源政策的调整对中缅能源合作提出了新的挑战

缅甸原来高度依靠天然气和水电站开发，在新的能源政策中提出了很多新能源概念，把新能源提到了很高的高度。原来重视单点的电站建设，现在更重视网络型的基础设施建设。这些都对中方如何调整合作策略，提出了更多、更高的合作要求。

（三）缅北"民地武"问题对中缅能源合作的影响

缅北的掸邦和克钦邦，在缅甸资源分布版图中占据重要地位。缅甸可开发利用的水力资源大部分蕴藏在克钦邦境内，缅北还分布着户拱盆地、钦敦江盆地、腊戍盆地三个未开发的油气地质构造，中缅油气管道从缅北经过，在掸邦境内管线长700余公里，规划中的多个水电站都要依托掸邦、克钦邦展开。因此，缅北地区在中缅能源合作中具有极为重要的地位。根据联合国的定义，缅北地区属于典型的"高冲突地区"，即处于暴力冲突地区和从暴力冲突向和平转化进程中的"冲突后"地区。同时，缅甸国家处于政治转型阶段，政治局势和

---

① 祝湘辉：《缅甸新政府的经济政策调整及对我国投资的影响》，《东南亚南亚研究》2013年第2期，第48页。

社会均不稳定，存在一系列可能构成未来动乱的暴发因素。缅北地区具有高冲突地区两大社会特征。一是利益主体众多而且争夺激烈，在进行投资合作时尤其明显，处理不慎，就会使得当地可供争夺的利益点急剧放大，利益争夺更加激烈，使得企业的经营行为面临紧张局势的干扰。二是利益诉求表达的正常渠道不畅。缅北地区多年处在战乱纷争的状态，国家处于转型阶段，法律框架不健全，利益分配不完善，民粹主义滥觞。而外来投资给当地带去的利益在不同群体间分配高度不均，特别是政府机构试图对利益进行独断分配令投资方（经营方）被视为造成不公的共谋，并可能成为反抗行为的受害者。

缅北"民地武"组织影响中缅能源合作存在直接和间接两种可能的途径。

首先，缅北"民地武"与中央政府武装冲突对其造成直接威胁。缅北民地武组织与缅甸中央政府的武装对抗抑或冲突，虽然只是其内政问题，但它不仅影响了中国的国家安全、边境安全稳定，也给中国在缅甸的投资项目造成损失。[①] 一是武装冲突直接损害中国企业利益。自 2009 年以来，缅北局势持续紧张，冲突不断，中国在当地企业经营受到巨大冲击。二是局势不稳影响继续投资经营的信心。一些地区武装冲突结束后，社会秩序一直没有得到很好的恢复，不稳定因素和安全隐

① 谢念亲：《缅北民族冲突对中国的影响》，《唯实》2014 年第 8 期。

患多，导致企业迟迟不敢恢复生产经营。同时，冲突会影响其他企业向该地区投资的信心，认为在缅北地区投资经营风险太高，对未来预期没有把握，不愿继续投资或者扩大投资。三是冲突双方争夺中国投资利益。近年来多起事例表明，中国企业在缅北地区进行投资时难以避开缅甸政府和民地武的利益矛盾，双方都欲从中国投资中获取收益，甚至以"维护中国投资"为名制造冲突。

其次，缅北"民地武"与中央政府的矛盾的间接影响。中缅合作的水电、油气管道，都要通过或在缅北民地武控制区内。从当前的情况看，未来很长一段时期，缅北地区将处于一种中央政府与地方势力"打谈交织"的态势，这就表明中国企业在开展投资活动时，避免不了与缅北"民地武"组织打交道，在此过程中，又存在以下几种可能。

一是缅甸中央政府与民地武组织对地区投资法规适用的分歧。缅北地区既有中央政府直接控制的地区，又有"民地武"控制的地区。未来如果缅北政治格局发生重大变化，"民地武"组织与中央政府的关系改变，如何处置"民地武"组织与中国企业签署的合同，权利与义务的转移、承接将是一个较为复杂的政治和法律问题。

二是缅甸中央政府和民地武组织在资源开发和收益分配上的矛盾。资源产业既是缅北民地武控制区经济发展的重要支撑，也是中央财政收入的重要来源，这就导致缅甸中央政府一方面不愿放松对资源的控制，另一方面政府收紧对资源开发和收益的控制，也有助于遏制"民地武"组织的生存发展，有利于推行其民族和解政策。从"民地武"组织的角度看，如果中国直接与缅甸中央政府签署项目协议，项目没有惠及地方，将危及项目生存，因此，"民地武"组织越来越倾向于用一种极端的眼光看待中缅经济合作项目，强烈要求在项目收益中分红，如其要求未被满足，就会对项目坚决抵制，商业项目政治化日益显现。① 缅甸政府决定中止中缅合作的密松水电站项目背后，实际也有"民地武"的影响。克钦独立军强烈反对密松水电站项目，该组织提出的主要理由之一就是工程收益不会被用来造福当地居民和克钦邦。②

三是民地武组织内部派系和权益争夺带来的影响。缅北民地武组织现在的领导体制和管理模式基本是个人、家族式领导，高层内部也有派系。在各组织控制区内的资源开发、生产经营活动，无一不牵涉这些民地武组织领导层利益。中国企业在进入"民地武"控制区时，必须选择与之合作，这就造成一些隐患和风险，一旦合作方在民地武组织内部斗争中失势，必将给投资方带来无法估计的损失。

---

① 苏晓晖：《缅甸"民地武"问题对中缅关系的影响》，《当代世界》2013 年第 4 期，第 50 页。

② International Crisis Group, "Myanmar: A New Peace Initiative," *Asia Report N° 214*, November 30, 2011.

四是其他势力介入缅北地区带来的影响。缅北地区由于地理位置重要，长期动荡，成为各种势力插手干预的重要地区。缅北地区是西方势力介入缅甸问题挑拨中缅关系的重要抓手。西方在推动缅甸民主化转型的过程中，利用民族问题，强调中央和地方分权，增加了中国平衡缅甸中央和地方关系的难度。未来，缅甸中央政府和少数民族地方间的博弈将更直接地影响到中缅关系，也将直接影响中缅能源合作。①

五 应对缅甸新政府政治经济调整、推进中缅能源合作的对策建议

（一）总体思路

以"一带一路"倡议为契机，互惠共赢，沟通设计，做好规划，以打造云南省为我国西南地区能源枢纽和辐射中心为最终目的，充分发挥中缅区域能源互补优势，以现有能源合作为依托，以电力和油气合作为主线，以新能源合作为新动力，以能源建设、服务贸易、装备出口贸易为支撑，着力建设中缅油气走廊、电力走廊和民生用能合作示范区，最终实现两国合作区域油气管网、电网互联互通，区域能源开发

---

① 苏晓晖：《缅甸"民地武"问题对中缅关系的影响》，《当代世界》2013年第4期，第50页。

和利用水平快速提高，带动民生用能、产业用能的能源合作体系，使能源合作成为中缅两国整个经济合作中的重要驱动力之一。

（二）基本原则

1. 互利共赢，合谋发展

注重加强和加深与缅甸的全面沟通和相互了解，促使缅甸尤其是其政治、经济精英真正认识到与我国开展能源合作对其国家安全与发展的重大战略价值，达成和凝聚共识，深化开展能源合作的意愿。创新合作模式，切实照顾各方利益，吸取以往合作的经验教训，更加注重能源可持续开发与生态环境可持续发展相结合。深化务实合作，构建中缅能源安全利益网络，实现中缅能源合作共赢，共同发展。

2. 注重实效，惠及民生

中缅能源合作要结合中缅两国的现状和需求，注重务实合作，避免空泛。把握时机将合作意愿转化为具体合作项目，使合作蓝图从规划走向具体落实。注重把能源合作与造福当地百姓相结合，强调重大合作项目与民生用能合作并重，通过实施能源合作民生工程和项目，赢得民众的广泛支持，使中缅能源合作具备更强的社会基础。

3. 提高安全意识，注重可持续发展

尽管中缅能源合作前景广阔，但缅甸的局势在短期内仍然比较动荡。一方面，缅甸正处于政治转型的高潮期，中缅的能源合作易受缅甸国内政治民主化浪潮和不断高涨的资源民族主义浪潮的冲击；另一方面，中缅能源合作项目多集中在缅北民地武控制区域，是武装冲突频发地带，短期内冲突双方很难切实履行停火协议。因此，我国在中缅能源合作中，要务必提高风险防范意识。此外，在中缅能源合作中，既要注重项目的环保意识，遵守当地法规，更要从长远发展着手，注重项目的可持续发展，以巩固中缅能源合作的利益基础的长期性和稳定性。

4. 着眼全局，立足云南

既要着眼于中缅两国能源现状和需求，布局一批具备战略性、全局性和长远性的合作项目，将中缅能源合作发展得更深、更实，又要充分发挥云南的区域优势、资源优势和基础优势，使云南在未来能够在中缅能源合作中积极作为，主动加强与中央政府、相关省区市与缅甸的沟通，动员各方力量积极参与和支持，促成中央政府和缅甸就重点能源合作项目清单和相关保障机制达成一致。

（三）合作重点领域

1. 能源基础设施建设

缅甸能源基础设施薄弱，电网和电源尤为如此。输电线路不仅建设规模小，而且多是低压线路，远距离送电损耗非常高。亚行的一份研究报告认为，缅甸全国，尤其是经常断电的仰光地区，迫切需要建设电源、电力传输和配电设施。[①] 鉴于此，电网修改建和电源建设已成为缅甸能源发展的重中之重。

（1）电网建设

缅甸希望通过建设 500 千伏的南北输电动脉和延伸国家电网，将富余电力输送到缺乏电力的地方，同时减少电力传输和配送过程中的损耗。为解决无电村庄的用电问题，缅甸计划在2012～2016 年在相关省邦架设 500 千伏、230 千伏、132 千伏及 66 千伏电网和修建变电站。[②] 此外，拟在克钦邦架设 204 条输电线及新建 34 座变电站，在若开邦架设 569 条输电线及建690 座变电站，在丹那沙林省架设 773 条输电线及 724 座变电站。[③] 缅甸要完成全国的输电线路和变电站建设及改造需要巨

---

① ADB: *Myanmar Energy Sector Initial Assessment*, October 2012, p. 39.

② 《缅甸有近 5 万个乡村未实现供电》，驻缅甸大使馆经商处，2012 年 11 月 29 日，http：//www.mofcom.gov.cn/aarticle/i/jyjl/j/201211/20121108459230.html。

③ 《缅甸有近 5 万个乡村未实现供电》，驻缅甸大使馆经商处，2012 年 11 月 29 日，http：//mm.mofcom.gov.cn/article/jmxw/201211/20121108459230.shtml。

额的资金投入。从缅甸目前的发展状况来看，政府无法在近几年内通过财政预算来实现输电线路和变电站建设，而必须依靠外资。世界银行打算按照程序向缅甸国内外企业招标，帮助缅甸改造天然气发电设备和解决输电损耗问题，在 2013 年 7 月 31 日至 2014 年 7 月 31 日提供 1.4 亿美元无息贷款帮助缅甸发展电力。① 这在一定程度上可以缓解缅甸的资金压力，但依然无法满足其输配电网络建设的实际需求。

云南和包括缅甸在内的周边东盟国家在电网建设和联网上已经取得了良好的合作成果，这些合作经验为云南打开缅甸电网建设市场奠定了良好的基础。云南应以大湄公河次区域的电力联网项目为契机，促进电网建设走进缅甸，帮助缅甸做好电网的维护、改造和扩建工作，促进缅甸电网的扩容与升级，实现国家电网在缅甸北部，特别是在少数民族地区的渗透与布局。同时，云南与缅甸扩大电力贸易，电网建设必须先行。云南应以帮助缅甸电网建设为突破口，提前进行电网布局，促进云南与缅甸的电网互联，为双边大规模的电力贸易搭建基础设施平台。同时，可以考虑在一定程度上引入亚行、世行及日本等国际组织和外部国家的帮助，在以我国为主的前提下，借力其资金和技术。

---

① 《世界银行提供无息贷款帮助缅甸发展电力》，中国网，2013 年 8 月 8 日，http：//news. china. com. cn/live/2013 – 08/08/content_ 21569590. htm。

（2）电源建设

缅甸除了水电外，现有主要用电来自国内的1座火电厂和10座天然气发电厂。由于大多电厂使用年限较长，设备陈旧又缺乏维护，实际发电量与设计发电量相去甚远。与此同时，随着经济和社会的发展，缅甸的用电量逐年攀升。据悉，至2030年缅甸电力需求将增长至20000兆瓦，但缅甸目前的发电能力约4000兆瓦。[①] 缅甸近期的人均电力需求、总年度电力需求和高峰时段的电力需求正在逐年增长。由于电力供应紧张，缅甸政府试图通过提高电价和对超量用电实行惩罚性高价收费来加强民众节电意识，减少不必要的用电。考虑到缅甸有明显的雨季和旱季，水电发电量很容易受到旱季缺水的限制，缅甸需要对现有的火电厂和天然气发电厂进行修缮，提高火电和天然气产电量，以弥补旱季的水电不足。

为满足未来的电力需求，缅甸不得不提前规划电源建设。缅甸政府已经开始采取积极的应对措施，通过兴建燃煤、天然气发电厂和小型水电厂满足不断攀升的电力需求。缅甸政府正计划在仰光、实皆和伊洛瓦底四省兴建燃煤火力发电站。四站装机容量依次为1000兆瓦、600兆瓦、450～

---

① 《2030年缅甸电力需求将增长5倍》，中国电力网，2013年9月25日，http://www.chinapower.com.cn/newsarticle/1194/new1194603.asp。

500兆瓦和50兆瓦，可由国内外公司合资兴建。① 世行也同意向缅甸提供还贷期为40年的2.6亿美元无息贷款，其中部分资金将用于能源部120兆瓦天然气发电厂（德通）项目建设。②

电源建设的周期较长，需要大量的前期投入，建设、运转和维护对技术都具有较高的要求。缅甸目前的财政收入和技术水平很难确保新的电源建设如期完成和高效运转。因此，中国（云南）利用资金和技术优势参与缅甸电源建设完全符合缅甸电力发展和规划需求，同时还可以为将来双边大规模电力贸易提供更多的电力来源。

（3）水电开发和贸易

缅甸的资金、技术能力只能修建1.8万千瓦以下的小水电站，中大型的水电站都需要周边国家协同开发建设，电力行业多年来稳居缅甸吸引外国投资的第一大领域。虽然密松水电站的搁置给中缅水电合作沉重一击，但鉴于缅甸水能资源丰富，开发利用率很低，且中缅签署了大量水电开发项目，水电开发和贸易仍将是云南和缅甸能源合作的重点。

---

① 《缅甸四省将兴建燃煤火力发电站》，中国驻缅甸大使馆经商处，2013年6月，http://mm.mofcom.gov.cn/article/jmxw/201306/20130600167776.shtml。

② 《世行将向缅甸提供2.6亿美元无息贷款》，缅甸《七日新闻》2013年8月28日。

水电开发方面，云南需要保障已签署的水电项目顺利施工，加强与缅方的沟通，确保项目建设不因缅甸国内政治改革而受到阻扰。在此基础上，云南可根据缅甸水电发展规划，利用技术和资金优势以多种方式参与缅甸新的水电开发项目。云南参与缅甸水电开发时可以将部分投资从大型水电项目转向小型水电站建设。为了满足未得到电力供应的部分乡村的电力需求，缅甸政府计划兴建 80 座小水电站。其中，伯奥、伯朗、德努、那加自治区各兴建 7 座，克钦、实皆、马圭、若开、仰光等省邦地区兴建 17 座。① 小型水电站对水流量、水流落差、前期投入的要求较低，建造周期短，运行寿命长，也不需要进行大规模移民，对环境的影响也很小。在缅甸没有电网覆盖或电力严重缺乏的地区参与小水电站建设，就地进行供电，这样的投资必然会受到缅甸政府和民众的欢迎。

水电贸易方面，随着中缅合作的水电项目相继建成投产，云南从缅甸进口的电力会不断增加。同时，云南应抓住机遇，利用地缘优势、电力建设的技术优势和机电产品生产优势，大力开拓缅甸市场，将云南的过剩电力输往缅甸。"十三五"期间争取通过云南电网实现向缅甸输电，进一步凸显云南在次区域中的电力交换枢纽、交易平台作用。

---

① 《缅政府计划兴建 80 座小型水电站》，中国驻缅甸大使馆经商处，2013 年 5 月 3 日，http://mm. mofcom. gov. cn/article/jmxw/201305/20130500111453. shtml。

2. 油气开发和贸易

缅甸尚未清晰掌握本国的油气资源现状，还有很大的勘探潜力。2011 年，中石化先后在缅甸中部和西北部发现两个大型油气田。中国可利用本国相对先进的技术帮助缅甸勘探油气资源，并合作开发新发现的油气田。目前，中缅天然气管道签订了 30 年合同，仅靠输送开采自缅甸 A1 和 A3 区块的天然气无法充分实现该管道的经济和战略意义，必须有新的供气来源。因此，与缅甸开展油气勘探开发合作非常有必要。

一方面，开展油气资源勘探可以帮助缅甸更清楚地掌握本国的能源资源储量，更好地制定本国的能源开发和能源产业发展规划；另一方面，新的油气资源会增加区域内潜在的油气供应量，为中缅油气贸易合作提供支撑。中缅油气管道正式运营后，油气贸易将会成为双边能源合作的一大重点。

3. 装备和技术标准出口

能源机械设备是开展能源基础设施建设、发展能源产业的基础物资。缅甸能源工业落后，能源设备制造能力低，根本无法满足国内对能源机械设备的需求。中缅在能源基础设施建设和能源勘探开采上的合作也将带动中缅能源机械设备贸易。

中国制造的机械设备在缅甸的能源产业中得到了广泛运用，树立了中国能源工程、技术、管理等方面的良好声誉。中国在缅甸参与的油气和水电项目多达数十个，许多设备都是中国生产制造的。随着中缅能源合作不断深入，中国可以向缅甸出口更多的能源机械设备。缅甸目前的电力设备陈旧老化，亟须更新换代才能维持正常运转，而缅甸电力设备不能自给，从国外引进是其长期一贯的做法。云南应以对缅甸的电网建设和电源投资为平台和依托，通过竞投标承接缅甸的电力建设工程，带动电力设备的出口，或者直接发挥产品的质量优势，积极争取进入缅甸政府的电力设备采购计划，对其电力设备进行维护与更新。

同时，利用 BOT 项目培育掌握中国标准的缅甸技术人员，向缅甸出口技术标准和管理标准。缅甸电力技术水平低下，没有能力去开发国内的电力资源，对外国的技术存在较强的依赖性。云南可以利用多年积累的电力勘测、设计、建设等方面的技术优势，加强与缅甸国家电力科研机构与部门的交流与合作，尝试与缅建立电力关键技术的长效合作机制，促进优势技术的转让与输出，真正帮助缅甸解决关键性技术难题，使缅甸切实形成对中国公司的信赖，继而产生技术依赖。

4. 能源运输安全

中缅油气管道投产后，管道安全将显得尤为重要。中缅油气管道缅甸境内段沿途经过克钦独立军、克钦保卫军和崩龙解放军等多个少数民族武装控制的势力范围。由于缅甸政府和

"民地武"之间的冲突，中缅油气管道未来还面临被破坏的潜在风险。2011 年以来，克钦独立军和缅甸政府军发生多次交战，双方尚未达成新的停火协议。少数民族担心中国在缅甸的大型投资项目会被缅甸中央政府利用，导致缅甸中央政府以保护项目安全为借口派军队蚕食他们的地盘，剥夺他们相对独立的地位。一旦缅甸政府和民地武关系恶化，双方很有可能以中缅油气管道为筹码要求中国给予支持。缅甸目前仍旧处于转型期，吴登盛政府上台后采取了积极的民族和解行动，并取得了明显成效。我国必须继续支持缅甸民族和解进程，在不干涉缅甸内政的情况下发挥建设性作用，同时处理好与缅甸政府、"民地武"之间的关系，确保中缅油气管道未来的顺利运转。

（四）主要项目计划

1. 近期项目计划

（1）中缅油气管道在缅甸境内的分输工程

中缅油气管道在缅甸境内途径若开邦、马圭省、曼德勒省和掸邦，在皎漂、仁安羌、当达和曼德勒设有油气分输口。中缅油气管道运营后，缅甸每年可从分输口下载不超过200 万吨的原油和总输送量 20% 的天然气。这样的分输设计对缅甸的发展非常有利。随着管道的运营，从中缅油气管道下载的油气将对缅甸管道沿线地区的能源供应起到积极补充作用。

一方面，中国（云南）可积极推动中缅油气管道在缅甸境内的分输工程建设，为缅方的设施建设提供一定的资金和技术援助，促使相关工程在中缅油气管道投产前顺利完工；另一方面，为了使缅甸能充分利用从中缅油气管道分输口下载的油气，中国（云南）可以根据缅甸对油气的既定用途设计，帮助缅甸建设油气发电厂、改造和新建区域油气分输管网。通过帮助缅甸充分利用从中缅油气管道下载的油气，使缅甸人民和中国人民共同收获中缅油气管道的合作成果，使普通百姓从中缅能源合作项目中直接受益。

（2）小其培电站民生用电示范区

由中电投云南国际电力投资有限公司开发建设的小其培电站位于伊洛瓦底江上游干流恩梅开江与一级支流其培河交汇区，装机量为99兆瓦，年发电量为5.99亿千瓦时。其规划的主要用途是为伊洛瓦底江密支那以上流域拟开发的耶南、广朗普、匹撒、乌托、其培、腊萨、密松水电站提供施工所需电源。

小其培电站距离克钦邦其培市以及密支那较近。2011年9月，小其培电站首条110千伏线路首次送点实验成功，具备了向密支那输送优质电力的条件。在2012年缅甸政府军和克钦独立军的冲突中，小其培电站曾遭到破坏。2013年9月，小其培电站恢复发电，并相继向其培市和密支那供电。考虑到小其培电站所在地以及周边城市严重缺电，中电投伊江公司可以协助扩大周边地区的电网建设，在未来的发电方案中应进一步扩大小其培电站向缅甸城乡的供电范围，为周边地区提供更多的低价电力，以实际行动履行具有企业特色的社会责任。通过建设小其培电站民生用电示范区，使更多的缅甸百姓摆脱电力短缺的煎熬，从中国建设的电站中获得切实的电力保障。通过示范效应，提高缅甸普通民众对中国能源企业和中国投资的认可度和支持度。

（3）积极参与缅甸的电网改造与建设

缅甸的电网改扩建工程比较浩大，涉及输电、配电、变电建设等各个环节，对设备、技术、管理等各方面要求都较高，云南在国际输变电工程承包方面已经具有不少的经验。云南电网曾于 2008 年 12 月与老挝国家电力公司签署老挝北部送电项目老挝境内输变电配套工程合同，该工程已于 2009 年 12 月正式投产，运行状态一直良好，受到老挝国内的一致好评。2013 年 3 月，云南电网又与老挝国家电力公司签署 230 千伏老北电网建设合同。这些合作经验为云南打开缅甸电网建设市场奠定了良好的基础。近期，云南可根据缅甸电力发展的需求，争取与缅甸合作开展仰光和曼德勒的电网改造项目。提供专项援助资金，免费帮助缅甸在这两个城市实施电网入户改造工程，以此提高缅甸最大的两个城市的电力输送能力，降低电力传输损耗率，使这两个城市的居民能感受到中缅能源合作项目带来的实惠和中国的善意，促使缅甸对华民意在较短时间内发生较为明显的转变。

（4）援助缅甸能源开展规划研究项目

能源发展规划是国家能源工业的发展蓝图，对国家能源产业乃至整个国民经济的发展至关重要。目前，缅甸不仅不清楚本国的能源现状，对未来的能源发展也缺乏整体的、长期的规划。帮助缅甸出台国家能源发展规划，不仅有利于引导其国内能源工业有序发展，同时有利于中国（云南）了解缅甸的能源发展远景，更好地与缅甸开展能源合作。中国（云南）有良好的资金和能源技术优势，具备丰富的能源项目规划咨询经验，可以向缅甸提供资金、咨询服务和技术援助，帮助缅甸开展能源发展规划研究项目，提高缅甸在国家能源发展规划中对国际和区域能源合作的重视程度。

（5）加大缅甸新能源科技培训力度

新能源的开发利用需要掌握高新科技，缅甸新能源合作也离不开技术支持和人才支持。目前，缅甸的新能源人才培养尚不能满足市场快速发展的需要，也没有形成支撑新能源产业化发展的科技服务体系。云南在新能源技术与应用上较缅甸有相对优势，云南同时还是中国－东盟新能源与可再生能源科技培训基地。考虑到缅甸发展新能源对技术和人才的需求，云南可加强与缅甸新能源技术上的交流与合作，为缅甸提供更多的新能源技术人才培训。

（6）对缅甸开展能源设备优惠贸易

能源设备是能源工业发展的基础物资。经过多年努力，中国的能源设备在缅甸已经占据了一定的市场，并取得了良好的口碑。缅甸能源工业巨大的发展空间为中国能源设备扩大出口提供了契机。为进一步开拓缅甸的能源设备市场，中国可以对缅甸开展能源设备优惠贸易——通过以优惠条件向缅甸出口能源设备，带动能源技术和能源标准的出口。中国可以和缅甸签订协议，就能源设备供销优惠条款达成一致，以降低关税、能源换设备、免息分期付款等方式向缅甸提供性价比更高、更具竞争力的能源设备；对缅甸与中国合作开展的能源项目所需的能源设备进口，也可以提供更多的优惠。通过提高中国能源设备在缅甸的市场占有率，提升缅甸对中国技术和标准的认可和依赖，并反过来促进中缅能源合作。

2. 中长期项目

（1）修建中缅油气管道复线

中缅油气管道一期工程的原油输送量每年只有 2300 万吨，按此规模，原油的运输成本太高。中缅油气管道项目在缅甸 25 亿美元的投资主要是用于建设输油管道。在建设成本不变或变动不大的情况下，管输量越大，每单位石油或天然气的输送成本也就越低。复线的建设不再需要投入太多的费用就可扩大油气运输规模，大大降低油气运输的单位成本。通过修建中缅油气管道复线，将中缅油气管道的原油输送量提升到4000~6000万吨/年，可以改变其投资和收益不协调的格局。因此，应提前与中缅油气管道项目参与方（印、缅、韩）加强沟通和协调，对中缅油气管道复线进行充分的调研和规划，做好前期相关准备工作。在中缅油气管道第一期工程正常营运以后，选择适当的时机，启动复线建设。充分利用一期工程管道建设过程中在设计、施工等方面积累的丰富经验，同时更加注重对生态环境的保护和沿线居民的需求，将中缅油气管道复线建设成绿色工程和民生工程。

（2）重启密松水电站以及完成伊江上游水电开发

密松水电站是中电投在伊江上游参与开发的7个梯级电站之一，也是中缅两国合作的最大电站项目。吴登盛政府叫停密松水电站不仅给中电投带来巨大损失，也使中缅经济合作深受打击，导致中国对缅投资出现大幅下降。密松水电站虽然存在一定的缺陷，但作为中缅正式签署的合作项目，其重启不仅会提高缅甸政府的信用度，也会大大增强外资进入缅甸的信心。此外，在密松水电站被关停后，中电投伊江公司仍继续通过小其培向周边地区免费供电，获得了当地民众的认可。考虑到密松水电站处于克钦独立军和政府军冲突区，未来密松水电站的命运一定程度上取决于克钦独立军以及当地政府的态度。因此，中电投伊江公司要加大公关力度，获得克钦独立军和当地更多民众的舆论支持，自下而上为密松水电站的重启创造条件，争取实现密松水电站早日复工。除密松水电站外，中电投还将和缅甸亚洲世界公司在伊江上游合建耶南水电站、广朗普水电站、匹撒水电站、乌托水电站、其培水电站和腊撒6个梯级电站。随着缅甸国内改革的不断深入，民众的思想日益活跃，西方大国纷纷拉近与缅甸的关系，以及中缅关系的微妙变化，中资在缅项目面临更多的不确定因素。云南与缅甸交界，必须对缅甸政治、经济和社会发展进行及时跟踪，做好对缅甸局势的研判，为政府和企业决策提供参考。作为项目投资方，中电投必须切实履行企业社会责任，加强与缅甸政府、民众和媒体的沟通，多做正面宣传。唯有如此才能确保这些水电站的顺利完工和建成后的高效运转。

（3）新能源合作

发展清洁可再生的新能源，促进能源与环境的和谐发展是21世纪世界各国能源发展战略的必然选择。在水电资源开发越来越多地引发环保争议的前提下，开发可再生能源将是缅甸未来的发展趋势和重要的发展方向。缅甸具有丰富的新能源资源，但当前利用太阳能、生物质能和风能等可再生能源发电的比例相当低。为缓解常规能源短缺和减轻环保压力，缅甸采取了多项措施开发利用新能源，促进能源使用的多样性和清洁化。中国作为能源大国，新能源是能源消费的重要组成部分，新能源技术也比较成熟。缅甸有发展新能源的需求，但缺乏开发新能源所需要的技术、资金和专家。中缅在新能源利用技术和资金上的互补性为未来两国开展新能源合作提供了广阔的空间。缅甸要加强新能源开发利用合作，积极开展太阳能、风能、沼气、地热能、潮汐能等清洁新能源的推广应用，提高非化石能源占一次能源消费的比重，减少二氧化碳排放量，使经济、社会与环境协调发展。① 云南在太阳能利用、新能源发电、新能源接入等领域的科技水平在国内处于领先地位，可以利用新能源开发和上网的技术优势，引进、消化、吸收或再创新国际上可再生能源技术，因地制宜地利用当地可再生能源发电，如分布式太阳能光伏发电、风力发电以及生物发电等，对缅甸进行多元化投资，加强与缅在新能源领域的合作，使新能源合作成为中缅能源合作的新推动力。

（五）措施政策

1. 国家层面

（1）建立和完善中缅能源合作机制

一是重视和发挥现有合作平台的作用和影响，多层次、多领域、多形式推进中缅能源合作。要落实《大湄公河次区域政府间电力贸易运营协定》、（中缅两国签订）《关于合作开发

---

① 王鹏：《中国－东盟能源合作支撑可持续发展》，《中国化工报》2010 年 11 月 5 日。

缅甸水电资源的框架协议》、《中缅政府间关于中缅电力合作委员会的协议》。通过大湄公河次区域合作、中国 - 东盟等多边合作机制以及中缅电力合作委员会机制解决重大事情，重点推进中缅电力合作。二是探索中缅能源合作，推进税收互惠、互免协议的可能性。税收互惠是降低合作成本的重要举措，降低成本既可以扩大用电市场，也可以反过来进一步促进双方深入合作，是国际合作的一个重要发展趋势。因此，中缅双方应重视探索税收互惠、互免协议的可能性。三是发挥联合国贸发会议、世界银行、亚洲开发银行等国际组织等的协调作用。加强与有关国际组织的合作，可以充分发挥其地区"协调人"的作用，帮助消除能源合作进程中的基础设施制约和国别政策障碍。充分利用亚洲开发银行的资金和技术专家优势，共同开展能源合作的调研和规划工作，以多边国际组织的共同参与来降低中缅双边合作的敏感性。

（2）建立国内企业境外能源开发协调机制

推进国家相关部委从国家能源安全的大局出发，密切与有关国家的经贸关系，建立国家主导、云南发挥重要作用的国内企业在东南亚、南亚合作开发水电、油气资源、新能源的协调机制。一方面，国家从整体最优的角度，结合各参与企业的优势，对从事境外电源开发的国内企业进行适当分工和协调，防止出现恶性竞争，损害国家整体利益；另一方面，政府出面积极主动与境外水电等能源合作涉及的国家政府进行协调，主动帮助企业营造良好的外部环境。

（3）建立中缅能源合作风险评估体系

中缅能源合作对于中国的能源外交布局有重要意义，但在当前缅甸政局前景仍然充满不确定因素的前提下，中国参与缅甸的能源合作也面临一系列的政治、经济风险。建议由商务部主导建立健全中缅能源合作风险评估体系，定期发布风险防范指南，指导企业建立境外安全管理制度和境外安全突发事件应急处理机制；相关研究机构要加强对中缅能源合作的研判，当前要重点关注缅甸政治经济转型的动态和趋势，为政府和企业提供参考；设立突发事件应急处理机制，一旦出现突发事件，要启动应急管理，立即采取积极的应对措施，将不良影响和损失降至最低，以确保中缅能源合作项目实现利益最大化、风险最小化。

（4）做好增信释疑工作，优化合作氛围

推进中缅能源合作需要处理很多方面的问题，要广泛争取相关各方的理解、信任和支持。一是做好释疑解惑，增进互信的工作。目前缅甸对于资源开发比较敏感。我国在能源合作过程中如果一味地"只做少说"甚至"只做不说"，有可能导致更多的担忧、猜忌甚至抵制。因此，从合作伊始就要重视与相关国家的沟通协调，尽量少用"单干"和"悄悄干"模式。二是吸取密松水电站的教训，重视和对方政府、当地人民、媒体和 NGO 的沟通。在缅甸实施以村为基础的小水电、优惠提供小型太阳能发电设备等项目，让当地民众获得实惠。在做重大项目规划时，同步甚至提前启动符合国际标准和做法的环境、社会和健康评估工作。落实习近平总书记在 2013 年周边外交工作座谈会上提出的"多做得人心、暖人心的事，使周边国家对我们更友善、更亲近、更认同、更支持，增强亲和力、感召力、影响力"。[①] 三是在水电站等项目的选址问题上，中方要重视专家提出的不同意见，尤其对缅方专家提出的问题要给予认真回应，对疑问和替代方案进行细致研究，适当增加项目透明度。[②] 四是在环保等问题上，除要据理力争、回应西方无端指责外，还需建立更严格的对外投资项目环境影响评估体制，避免出现漏洞、授人以柄。[③]

（5）积极应对区域外其他国家干扰带来的阻力

就外来因素而言，美国的东南亚战略与行动、美国对缅甸外交政策的调整，不得不说是无法排除的"局外因素"，中缅能源合作的进程中必须处理好这一核心干扰因素。从中国海外资源开发和合作的经验来看，必须做到"官民分开"

---

① 柴逸扉：《邻望邻好共同发展（习近平治国理政关键词（27））》，《人民日报》（海外版）2016 年 5 月 5 日，第 1 版。

② 苏晓晖：《缅甸"民地武"问题对中缅关系的影响》，《当代世界》2013 年第 4 期，第 51 页。

③ 苏晓晖：《缅甸"民地武"问题对中缅关系的影响》，《当代世界》2013 年第 4 期，第 51 页。

才能有利于消除政治因素与意识形态因素的干扰。① 日本与缅甸开展了日益广泛的经贸合作对中国企业形成了激烈的竞争这一现状，需要密切关注，并确保我国在缅的重大项目顺利开展。另外，也要与相关国家及地区组织积极交流，必要时适当地做些解释和说明工作，争取各方的理解和支持。

（6）积极应对民地武问题

应日益重视"民地武"问题，寻求在缅甸政府和"民地武"之间发挥谨慎但积极的作用。短期内中国不会改变"不干涉内政原则"，但这不意味着中国可以对缅甸国内冲突漠不关心。从当前形势看，缅北"民地武"希望中国出面调停的意愿在上升，缅甸政府也不反对中国发挥积极作用，甚至美国也提出中国可在调解缅国内冲突问题上"有所作为"。② 鉴于缅甸少数民族日益强烈地谋求对本邦土地的"自决权"，并获得与国有公司同等的与外国公司进行交易的权利，中国在与缅政府签署项目协议时应更为关注地方利益。应充分阐释项目对缅全国和地方发展的双重益处，争取地方势力对中缅项目的支持，使当地民众和地方武装成为合作项目的"利益攸关方"，

---

① 徐云龙：《试析中国在南亚地区的能源战略选择》，《经营管理者》2013 年第 31 期，第 153 页。

② 苏晓晖：《缅甸"民地武"问题对中缅关系的影响》，《当代世界》2013 年第 4 期，第 51 页。

借此避免其利用项目，尤其是中缅能源管道等重大项目的安全进行要挟。

（7）尽早妥善协商解决密松水电站搁置问题

密松水电站搁置已久（事实上，至本书出版之日，密松水电站仍未重启），吴登盛政府的态度是继续搁置密松水电站建设，但为弥补中方损失，将由中方承建两个规模总量与密松相当的电站作为补偿。根据以上信息，建议有关部门与缅方就密松问题展开尽早谈判，争取重启密松水电站项目，或舍弃密松水电站项目，但要求缅方做出合理的替代补偿或赔偿，以尽早解决当前中缅能源合作中的最大障碍。

2. 云南省层面

（1）发挥区域合作优势，多渠道争取各方支持

云南要协助国家相关机构做好与相关国家的沟通、对接工作。建议由国家能源主管部门提请亚洲开发银行牵头，由云南中缅能源合作办公室负责中缅能源产业合作的协调工作，统一规划和推进中缅电力联网建设工程。争取在云南布局一个能源大型装备制造基地，改造创新适合缅甸乃至整个东南亚、南亚地区的技术和装备，积极向周边国家出口。建立云南省党政领导与亚行高级官员间的定期互访制度，加强定期互访和沟通，了解亚行对中缅经济合作的支持方向。寻找合适机会，推动亚行在昆明设立办事机构，发展总部经济。

（2）建立信息服务平台，引导有序合作

构建完善以商务厅为主导，我驻外经商机构、能源企业、科研机构等积极参与的多渠道信息服务平台，及时准确向企业提供缅甸在有关能源结构、能源需求、法律法规、产业政策等方面的信息服务，为投资者分析、整理、提供缅甸能源产业发展动态信息，积极引导投资者有序进入缅甸，进行能源合作。

（3）建立风险投融资机制，增强发展后劲

加大政府扶持力度，建议设立云南参与中缅能源合作专项资金，建立财政投入的长效增长机制。深化投融资体制改革，尽快建立以政府投入为引导、以金融投入为依托、以企业投入为主体、以社会投入为辅助的投入体系，按照市场化原则，使民间资本、企业资本成为创业投资的主体。加快建立风险投资机制，联合西南省区市，共同出资建立投资风险基金，解决企业的后顾之忧。把新能源项目纳入政策性贷款范围，发放专项贷款和实行贷款贴息，整合、充实和完善现有各项基金，支持需扶持的新能源开发合作。

（4）扶持云南省民营企业，支持灵活参与

目前，我国参与缅甸能源项目合作的多是大型国有企业，其国有背景容易引起所在国政府的过度警惕和抵制。而民营企业管理机制灵活、市场反应快，更容易把握潜在的合作机会。建议进一步扶持云南省有实力、有潜力的民营企业以灵活方式参与中缅能源合作项目。从技术、经济、组织等多个政策面，进一步放宽能源投资的行业标准，降低准入门槛。简化能源投资项目的审批手续，缩短评审时间，提高办事效率。支持企业在境外发展生物柴油、燃料乙醇原料及其初加工基地，引入生物柴油、燃料乙醇原料和初加工产品。引导企业投资生物质固体成型燃料、太阳能、风能等项目的合作开发，为我国与缅甸（周边国家）的能源合作注入新的活力。

（5）抓好项目，力争取得早期收获

各相关部门要紧紧围绕中缅能源合作的主要任务，抓紧项目启动的前期工作，研究开发一批事关长远发展的大项目，把握好项目申报的时机和程序，争取得到国家更多支持。要加强与国家有关部门和企业的对接合作，滚动开发和储备一批高质量的对接项目，用项目来支撑和推动中缅能源合作。近期内，一是可以在向缅边境地区供电和邦郎、瑞丽江水电站建设的基础上，加快与缅甸的能源合作，把省网向西延伸，积极实施云电外送缅甸，并积极参与缅甸的电网改造与建设，争取与缅甸合作开展仰光和曼德勒的电网改造项目。尽快实现将小其培电站送电至缅甸莫高、莫宁地区并与缅甸国家电网联网，使当地人民从安全稳定的电力保障中得到实惠。二是开展在节能、环保、开发新能源及再生能源等方面的合作。云南应该与缅甸积极开展中小水电开发及设备生产合作，并在开发生物质能、太阳能等新能源和节能技术、新能源技术研究和推广方面进行合作。利用太阳能光伏技术优势向缅甸推销中国的太阳能、沼气池和风力发电机等新能源产品。切实从能源合作项目着手，推动中缅能源合作早日收获成果。

（6）开展新能源与可再生能源科技培训

当前可通过中国－东盟新能源与可再生能源科技培训基地、云南省沼气工程技术研究中心等培训机构，为缅甸技术人员提供短期培训。并通过云南与缅甸高校间的合作以及政府奖学金，吸引更多的留学生到具备专业优势的云南高校就读新能源相关专业，系统地掌握新能源利用技术。同时也要鼓励云南的新能源技术人员和研究机构走出国门，积极参与缅甸的新能源技术开发和新能源利用项目。考虑建立中缅（东盟）新能源培训机构，加大与缅甸在能源技术人才培训上的合作力度，分享成果与经验，密切双边的能源合作。

3. 企业层面

（1）优化投资主体构成

全面调节投资主体，可以以国有企业为主、其他企业为辅的投资构成，鼓励民间中小型企业积极参与，力促合作格局"由点到面"依次铺开，逐渐形成"1 个大型企业＋N 个小型企业"网状体系。①

---

① 郑国富：《缅甸新政府执政以来外资格局"大洗牌"与中国应对策略》，《对外经贸实务》2015 年第 1 期，第 38 页。

（2）拓展产业链

建议中缅合作双方在现有合作的基础上，充分利用中方企业的资金、技术和人才储备优势，积极参与缅方油气资源的勘探工作，探讨在缅国内建设加油站、CNG 等能源终端产品项目，以及在皎漂港建设保税区等合作，拓展合作双方利益空间，夯实合作基础。

（3）国际化合作分散投资风险

充分借鉴并鼓励中缅天然气管道项目采取"四国六方"分散风险的创新投资模式，和其他国家（地区）企业共同参与中缅投资合作项目，降低股份单一化可能导致的风险集聚程度，尽量避免无谓沦为其当下"民主化""民族化"的牺牲品；通过置换股权给缅本国企业或外国企业，降低中资企业股份过度集中的政治风险，同时还可通过此多方合作机制实现相互制衡，实现由"双赢"（中方与缅军方）向"多赢"（中方、缅军方、缅国内第三方、国际第三方）格局的转变。[①]

（4）强化中企社会责任与塑造友好形象

建议中企参照联合国全球契约组织编制的《在受冲突影响与高风险地区负责任商业实践指南》的相关建议，转变和重塑中资企业国际新形象，实施"本土化"战略，恪守东道

---

① 郑国富：《缅甸新政府执政以来外资格局"大洗牌"与中国应对策略》，《对外经贸实务》2015 年第 1 期，第 39 页。

国（地区）法律法规和当地"游戏规则"，融入当地社会，履行企业社会责任，关注民众诉求，构建利益共同体，制定"经济金字塔底层"商业战略，重视员工长远利益，关注生态、环境、历史、文化，以树立良好口碑，使中资合作项目成为缅国内民众心目中的"受欢迎者"。① 对于对中方企业存在一定看法的 NGO 及媒体，不能采取一味回避的态度，要积极主动与之沟通和交流，认真听取他们的意见和建议，努力扭转其对中资企业的负面看法，使其客观公正地看待中企在缅甸投资项目。

主要参考文献

[1] 蔺佳、戚凯：《缅甸外交政策调整与中缅能源合作》，《国际关系研究》2014 年第 3 期。

[2] 蔺佳、戚凯：《中缅能源合作的新挑战》，共识网，2014 年 7 月 7 日，http：//www. 21ccom. net。

[3] 王思祺：《吴登盛：从缅甸最后的军人总理到首任文人总统》，人民网，2011 年 4 月 15 日，http：//world. people. com. cn/GB/1440 2828. html。

[4] 何桂全：《缅甸吴登盛政府改革评析》，《国际问题研究》2012 年

---

① 郑国富：《缅甸新政府执政以来外资格局"大洗牌"与中国应对策略》，《对外经贸实务》2015 年第 1 期，第 39 页。

第 6 期。

［5］王卫：《缅甸军政府的转型及其前景展望》，《东南亚研究》2012
年第 4 期。

［6］宋清润：《缅甸经济改革的前景》，凤凰网，2012 年 7 月 31 日，ht-
tp：//news. ifeng. com/gundong/detail＿ 2012＿ 07/31/16426498＿
0. shtml。

［7］任琳：《中国在缅甸投资　这些政治风险不得不防》，腾讯网，2015
年 3 月 25 日，http：//finance. qq. com/a/20150325/034574. htm。

［8］联合国开发计划署：《2011 年人类发展报告》，http：//www. un.
org/zh/mdg/report2011 /pdf/report2011. pdf，2011 年 11 月 8 日。

［9］韩硕、丁刚：《缅甸加速改革吸引外资　西方制裁仍是主要障碍》，
中国新闻网，2012 年 2 月 28 日，http：//www. chinanews. com/gj/
2012/02 –28/3702743＿ 2. shtml。

［10］杨保筠：《缅甸：在改革开放中谋求稳定与发展》，《新视野》
2013 年第 6 期。

［11］ World Bank，"Worldwide Governance Indicators：Country Data Re-
ports，" http：//info. worldbank. org/governance/wgi/sc＿ country. asp.

［12］〔缅〕佐青青：《走向 21 世纪的中缅油气合作》，硕士学位论文，
云南大学，2011。

［13］李晨阳：《2010 年大选之后的中缅关系：挑战与前景》，《和平与
发展》2012 年第 2 期。

［14］《中缅能源合作的现状及存在的问题》，载徐勤华主编《中国能源
国际合作报告》，中国人民大学出版社，2013。

[15] 胡建良:《东南亚地区炼油行业概况》,《中外能源》2012年第3期。

[16]《中缅合作将在曼德勒新建一原油炼油厂》,《缅甸时报》2011年2月18日。

[17]《缅甸首次发现近海深水区块天然气》,中国驻缅甸大使馆经商处,http://mm.mofcom.gov.cn/article/jmxw/201601/20160101227665.shtml。

[18]《缅甸石油和天然气分布调查》,中商情报网,http://www.askci.com/news/2015/04/03/8557lrqy.shtml。

[19]《缅甸计划建30万千瓦太阳能发电厂》,中国驻缅甸大使馆经商处,http://mm.mofcom.gov.cn/article/sqfb/201605/20160501328702.shtml。

[20]《中缅石油管道会不会是密松水电站的结局》,中国建筑新闻网,http://project.newsccn.com/2013-01-21/194078.html。

[21]《管道局东南亚管道公司完成中缅油气管道(境外段)水保治理项目》,中国管道商务网,http://www.chinapipe.net/national/2016/29561.html。

[22] 吴清泉、吕辉:《云南"走出去"最大能源项目落地缅甸》,《中国能源报》2016年3月14日,第11版。

[23]《缅甸中资额度急剧下降 国际资本顺势涌入》,《国际财经时报》2013年6月9日。

[24]《缅甸有近5万个乡村未实现供电》,中国驻缅甸大使馆经商处,2012年11月29日,http://mm.mofcom.gov.cn/article/jmxw/201211/20121108459230.shtml。

[25]《2030年缅甸电力需求将增长5倍》,中国电力网,2013年9月25日,

http：//www. chinapower. com. cn/newsarticle/1194/new1194603. asp。

[26] World Economic Forum, ADB and Accenture：*New Energy Architecture*：*Myanmar*, June 2013.

[27] ADB, *Energy Outlook for Asia and the Pacific*, October 2013.

[28] 东盟能源网, http：//www. aseanenergy. org/publications_ statistics/ energy_ profile/myanmar/energy_ resources. htm。

[29] ADB, *Myanmar*：*Energy Sector Initial Assessment*, October 2012.

[30] "Energy Profile Myanmar," Reegle, http：//www. reegle. info/ countries/myanmar – energy – profile/MM.

[31] The Burma – China Pipelines：Human Rights Violations, Applicable Law, and Revenue Secrecy, Earthrights International, Situation Briefer No. 1, March 2011, http：//www. earthrights. org/sites/default/ files/documents/the – burma – china – pipelines. pd.

[32] China – Burma Pipeline Faces Local and International Opposition, http：//www. ooskanews. com/international – water – weekly/china – burma – pipeline – faces – local – and – international – opposition_ 21616, March 14, 2012.

图书在版编目（CIP）数据

孟中印缅经济走廊能源合作与中缅能源合作研究／
罗圣荣著．--北京：社会科学文献出版社，2017.10
（云南大学周边外交研究中心智库报告）
ISBN 978 - 7 - 5201 - 1631 - 2

Ⅰ.①孟…　Ⅱ.①罗…　Ⅲ.①能源经济 - 经济合作 -
研究 - 孟加拉国、中国、印度、缅甸　Ⅳ.①F430.62

中国版本图书馆 CIP 数据核字（2017）第 252609 号

·云南大学周边外交研究中心智库报告·

孟中印缅经济走廊能源合作与中缅能源合作研究

著　　者／罗圣荣

出 版 人／谢寿光
项目统筹／宋月华　杨春花
责任编辑／李建廷　吕　颖

出　　版／社会科学文献出版社·人文分社（010）59367215
　　　　　　地址：北京市北三环中路甲 29 号院华龙大厦　邮编：100029
　　　　　　网址：www. ssap. com. cn
发　　行／市场营销中心（010）59367081　59367018
印　　装／北京季蜂印刷有限公司

规　　格／开　本：787mm×1092mm　1/16
　　　　　　印　张：13.75　字　数：135 千字
版　　次／2017 年 10 月第 1 版　2017 年 10 月第 1 次印刷
书　　号／ISBN 978 - 7 - 5201 - 1631 - 2
定　　价／69.00 元